陪广州慢慢变老

林帝浣◎著

廣東旅游出版社
GUANGDONG TRAVEL & TOURISM PRESS
悦读书·悦旅行·悦享人生

中国·广州

图书在版编目（CIP）数据

陪广州慢慢变老 / 林帝浣著 . — 广州 ：广东旅游出版社，2023.10（2024.5 重印）
ISBN 978-7-5570-3156-5

Ⅰ．①陪… Ⅱ．①林… Ⅲ．①广州－概况 Ⅳ．① K926.51

中国国家版本馆 CIP 数据核字 (2023) 第 189584 号

出 版 人：刘志松
策划编辑：蔡璇
责任编辑：贾小娇 蔡璇
摄影、绘画：林帝浣
封面设计：艾颖琛
内文设计：周喜玲
责任校对：李瑞苑
责任技编：冼志良

陪广州慢慢变老

PEI GUANGZHOU MANMAN BIANLAO

广东旅游出版社出版发行
（广东省广州市荔湾区沙面北街 71 号首、二层）
邮编：510130
电话：020-87347732（总编室） 020-87348887（销售热线）
投稿邮箱：2026542779 @qq.com
印刷：广州市岭美文化科技有限公司
（广州市荔湾区花地大道南海工商贸区 A 幢）
开本：880 毫米 ×1230 毫米 32 开
字数：210 千字
印张：8.5
版次：2023 年 10 月第 1 版
印次：2024 年 5 月第 2 次
定价：68.00 元

让城市留住记忆

让人们记住乡愁

这里，

是广州

一湾江水绿
两岸荔枝红
这里是广州

每一条河涌
至少都有一座小桥
能让你行运通达
这里是广州

每一个春天

至少都有一棵盛开木棉

能让你路过惊艳

这里是广州

每一个小站
至少都有一趟公交车
能让你想去心中的地方
这里是广州

每一个公园
至少都有一句粤曲
能让你梦回岭南
这里是广州

每一个街角
至少都有一片绿荫
能让你清凉一夏
这里是广州

生活百般苦
仍有荔枝甜
这里是广州

就算吃着猪脚饭
也要活出主角范
这里是广州

每一个社区
至少都有一家小店
能让你感觉温暖
这里是广州

如果你烦躁焦虑
这不是抑郁
你只需要一碗凉茶
这里是广州

若是初心未改
一锅煲仔饭亦是浪漫
这里是广州

减肥的人不要路过烧腊档
没有人的意志能抵抗
一只出炉烧鹅
这里是广州

每一种食物
至少都有一个美好寓意
能让你顿感幸福
这里是广州

每一家茶楼
至少都有一款点心
能让你食过返寻味
这里是广州

岭南春来早
看尽满城花
这里是广州

白云山摩星岭的深夜
能望见家乡的星光
这里是广州

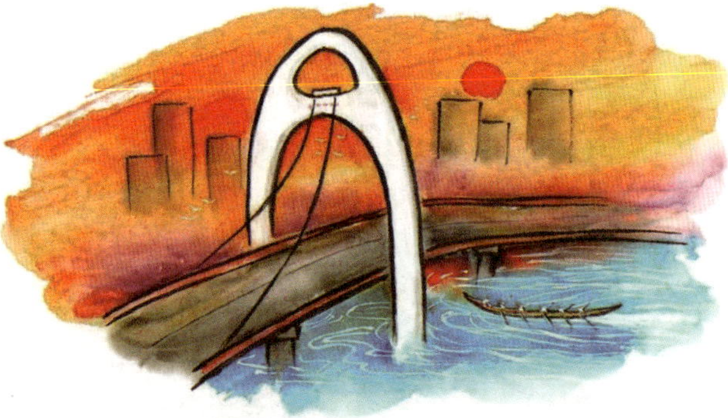

有了猎德的龙舟水
要什么外国古龙水
这里是广州

珠江边下班回家的人
心里都带着彩虹
这里是广州

清歡
無事
等風等你
戊戌秋日
小林寫
清歡

序

陪广州慢慢变老

不知不觉，变成了一个老广州。

来广州已经三十年了，这些年里，大多数的时间都在为生活而打拼。蓦然回首，要想找出对广州的一个明确印象，仿佛千头万绪，真是无从说起。成长于斯，广州的水土，广州的性情，广州的市井生活，已经慢慢成为生命里最习惯的不可或缺的一部分。

广州是说不清楚的城市。她有两千多年的悠久历史，她是中国改革开放的桥头堡；她悠久的通商开放历史使她显得光怪陆离，却又如此博大精深；她既有体现浓郁岭南文化传统的西关文化，又是中国的国际化大都市之一；她是改革开放初期传说中遍地黄金的地方，是许多时代弄潮儿创业的首选城市。

如果你来广州旅游，只是去看看几个著名旅游景点和购物商店，广州可能只能给你留下拥挤和热闹的印象；但想了解真正的广州，你只有潜下心来细细体会，才能理解这个城市的魅力。

说说在广州这座城的最喜欢的几个瞬间吧。

喜欢在深夜里和朋友上白云山顶，呼吸浓雾里潮湿新鲜的空气，等待朝阳从东方升起；喜欢在一大早跑去莲香楼占位子喝早茶，在一片喧闹中品尝精致的点心；喜欢在西关老旧的小巷里东穿西钻，寻找历史的细节；喜欢在天河城体验繁华的都市里疯狂购物的感觉；喜欢在夕阳西下的时候在回家的路上吃几串和味牛杂，观察着从市场里买菜出来的人们；喜欢在二沙岛的美术馆里看一场现代前卫的展览，看累了在天台的咖啡馆喝一杯咖啡呆望珠江；喜欢回到家里喝上一碗加入滋补中药熬就的老火靓汤；喜欢晚上在沿江西路的酒吧里的狂歌热舞；喜欢傍晚坐渡船时看见珠江两岸的璀璨夜景；喜欢夏天深夜在街头的大排档消夜大喝冷藏啤酒的快意；喜欢雨季的时候在上下九骑楼下不用打伞逛街的悠闲；喜欢坐在公园里看阿叔阿婶们排练悠然婉转的粤剧看一个下午；喜欢过年时逛花街的万紫千红；喜欢沙面的悠闲宁静；喜欢黄沙水产市场的喧闹和生猛。

喜欢广州这座城市生猛灵动兼容并蓄的独特气质，喜欢广州人的务实和包容性格。他们自食其力，不靠天帮忙，只靠自己打拼，不事虚无之论，却处处敢为天下先。外地的人们，来广州几年，也慢慢会被这种氛围同化。在广州，不会有人埋怨自己怀才不遇，只要有能力，你完全可以搏杀出一片属于自己的天空。

当我拿起相机和笔，开始尝试描述这座城市的诸多细节，却发现怎么也无法完整地全部说出这座古老而又年轻的城市的迷人魅力，这座城市的内涵实在太博大太恢宏了。

与广州苦苦纠缠多年之后，蓦然回首，这座繁华都市的万种风情慢慢展现。如果可以，住在这座城里慢慢变老，必将是一件幸福的事。

目录

CONTENTS

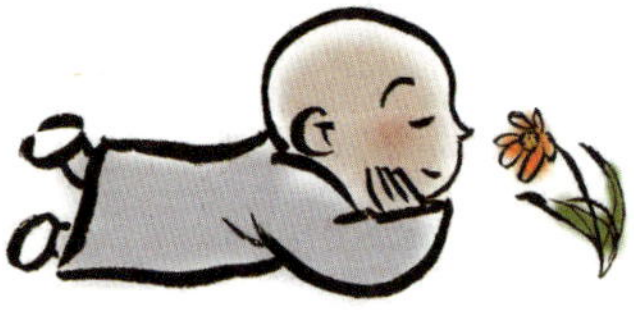

1

漫谈广州

广州是我最熟悉的城市

三十年了

从新广州人变成老广州人

这是个让人爱恨交缠的地方

虽然没在这里赚到什么钱

但我已经

没法离开这里了

在中国南方的珠江之畔，南海之滨，有一座璀璨的城市——广州，它是中国广东省省会，也是华南地区经济政治的中心城市。广州建城 2200 余年，是一座有着悠久文化历史的中国名城，从唐朝开始成为海上丝绸之路的起点，近代是中国民主革命的策源地，40 多年来，广州作为中国改革开放的领跑者之一，是中国著名的沿海开放城市，同时也是岭南文化的中心城市和集大成之地。

广州市辖越秀、海珠、荔湾、天河、白云、黄埔、花都、番禺、南沙、从化、增城共 11 个区。目前，广州市总面积为 7434.40 平方千米，占广东省陆地面积的 4.21%。常住人口数量约 1873 万人。

广州的气候潮湿温热多雨，地处北回归线上，中国第三大河珠江从云南发源，流经 6 省 2000 多公里之后从广州汇入南海，因此呈现南亚热带典型的海洋季风气候。广州市年平均气温在 21.5℃～22.2℃之间，雨水资源丰富，平均年降水量为 1800 多毫米，年降水日数在 150 天左右。这里气候温和，冬无严寒，繁花似锦，因此广州自古就被称为“花城”。广州的气候春夏季雨量充沛，秋季从太平洋吹过来的季候风，经过珠江口的阻挡过滤，给广州带来凉爽天气和充足雨水，而少有台风之祸。冬季无霜冻之害，北方南下的寒流受到南岭阻隔，到达广州的时候已经大为减弱，使得这里的冬日如春天般温暖，一年四季都是树木常绿、鲜花常开，适于旅游。

广州是南中国交通的中心枢纽，航空、铁路、公路、公交网络密集便利、四通八达。白云国际机场是东南亚地区进入中国大陆的门户，与曼谷、新加坡市、马尼拉、吉隆坡等国际大城市均有班机往返，也能从此直飞世界各地重要城市。国内航空线路密集，到国内各省省会和主要城市每天都有班机，特别是北京、上海、西安、成都等重要枢纽每天都有十数班机往返。铁路方面，广州南站是中国最繁忙的高铁站，广州是京广、广九、广三线铁路交会点，乘京广线可联络内陆各大城市，乘广九线可经深圳，直通香港九龙，循广三线可抵三水、佛山、肇庆。广州市公路网四通八达，每天有长途汽车开往福建、江西、广西、海南等各省区，并可达省内各城市。广州水运也相当发达，沿珠江水系可达许多城市。

广州市区面积辽阔，公车线路密布，广州市公交运力很强，市内有公共汽车、电车、专线车、地铁等公交线路。

广州为中国重要商旅城市，一年两度的全国春季和秋季交易会都在广州举行。广州酒店星罗棋布，住宿方便，有广州市中心的四季酒店、皇冠假日酒店、白天鹅宾馆、亚洲国际大酒店、东方宾馆、花园酒店、中国大酒店等众多五星级酒店，各类不同级别酒店数不胜数，也有价格实惠的便捷酒店、招待所和青年旅舍等。但春交会和秋交会期间世界各地客商云集，会导致房价上涨，旅游的话应该注意避开。

广东的饮食文化驰名中外，“食在广州”是每个中国人甚至外国人皆知的名片。粤菜作为中国四大菜系之一，菜式丰富，美味可口，博大精深，有漫长的发展历史和丰厚的文化底蕴。广州的传统风味小吃也繁复多样，品种众多，带有浓烈岭南风格，值得每位到广州旅游的人一试。广州还是中国著名的“水果之乡”。这里的水土气候适宜多种热带、亚热带果树的生长，一年四季都有大量特色水果。广州的水果共有 500 多个品种，其中荔枝、香蕉、木瓜和菠萝享有“岭南四大佳果”美誉，早已名闻中外，其他如阳桃、龙眼、黄皮、柑、橙等也久负盛名，风味独特。

广州建城 2200 多年，还是海上丝绸之路的起点，有着丰厚的历史底蕴，岭南文化从这里发源直到今天还在发扬光大，是一个有着十分丰富的民间民俗风情的南粤名城。

广州人对传统文化的传承也是自然而根深蒂固的，每年春节期间的迎春花市万人空巷的盛况使得广州无愧于“花城”之名；元宵节和中秋节的满城灯火万民欢庆让人目不暇接；农历二月的波罗诞庙会挥汗成雨；端午节的珠江千乘龙舟竞渡，两岸人潮如海；重阳节白云山上人们竞相登高。此外，盛夏季节番禺的荷花节，从化、增城的荔枝节，还有各种文化和旅游节、美食节等都别具岭南风情，让人流连忘返，如果到广州时遇到这些节庆千万不能错过。在广州，不但能过中国传统节日，还能过西方的节日，由于长期与国外的通商交往和毗邻港澳的影响，每年西方的情人节、圣诞节、万圣节、感恩节等，在广州也能感觉到浓烈的节日气氛，特别是珠江新城、环市东、天河北、沿江路、沙面等年轻人聚集消闲之地，西方节日的庆祝更是盛极一时，热闹非凡。

广州作为岭南文化艺术的中心，是岭南文化的集大成之地。广州的方言——粤语历史悠久，同时也是港澳地区的方言，由于声调丰富而且富于变化，广州话婉转动听，在海外，粤语甚至是比普通话更流行的中国语言。粤剧是广州地区最有代表性的地方剧种，享有“南国红豆”的盛誉。岭南美术在中国艺术史上也独树一帜，有着强烈的地域风格和特点。岭南画派是现代中国画派之一，是随着中国近代民族和民主意识的勃兴而诞生的，富有时代的创新精神。广州的传统工艺美术也驰名世界，包括玉雕、牙雕、广绣等都随着千百年的对外贸易历史传播到全世界，技艺精湛造型美观的粤派工艺品 ，曾经是世界了解中国文化的重要窗口。

广州是中国改革开放的领头羊，带领珠三角经济区的腾飞，为中国的改革开放提供了良好的带头和试验作用。经过数十年的经济改革，广州已经发展成为一个现代化大都市、南中国的经济中心。在这里，传统和现代和谐共存，东方与西方文化交汇碰撞融合，使广州成为一个中国南方的魅力之都。

心懷猛虎
細嗅薔薇

2

在自己的城市旅行

与广州苦苦纠缠多年，恩怨难分

慢慢地都老了

给这城写封情书，存在心里

北京路
（2010）

鸡公榄

西关上下九的鸡公榄，一元一包，有辣有不辣。
(2008)

“这是最好的城市，这是最坏的城市。”

这一秒痛恨欲逃，下一秒却在你怀里痛哭，你的梦里会不会有我的回忆。

你叫广州，你是一个普通的城市。

去了很多遥远的地方，看了很多不同的城市，回头来观察自己生活的城市，便有了很多意外的感受。

不知不觉在广州待了许多年，慢慢与这座城市纠结共生。越来越觉得，要拍出一座城市的景观特点不难，拍些美丽的光影也容易，但是要用照片准确描述一座城市的气质，绝非易事。

在自己的城市旅行，其实也就是在人生里的旅行，情绪无法言喻，只好随手按下快门。

文德东路的文德楼 3 号，当年，27 岁的周恩来和 21 岁的邓颖超在这楼成婚。蒋介石还是校长，在这楼逮捕中山舰舰长李之龙，与中共决裂。如今这里房客杂住，多被租为货物仓库。只剩楼梯，还是依稀旧时模样。

高第街，三十多年前以服装批发名震全国，后渐衰落。老板娘很有亲和力，让我喜滋滋地买了对凉鞋，我穿上后，更加大叔了……

傍晚，陈伯在珠江边吹着粤曲。多年之后，广州的咸水歌、艇仔粥等珠江水岸文化荡然无存。只建了些空旷的广场，让大家苍茫的天涯都是我的爱。

一德路，忙碌的店员小妹打起了哈欠。这条海味干货玩具礼品一条街，每天熙熙攘攘，是最具广州气质的所在。

南华西街，潘家祠。乾隆四十一年（1776 年），十三行行商潘振承，是当时世界十大富人之一。他大兴土木建造潘家祠，占了几条街。如今，只剩破屋半间出租放货，连匾额都没有了。

黄花岗七十二烈士墓园，浩气长存。如今它是广州一个清静的公园，老人家们天天来打太极拳，吸收天地精华。

文昌北路，士多店老板兼个人运输公司老总兼亚运会志愿者潘Sir，见我在他档口门口鬼鬼祟祟拍照，强烈要求拍照留念。

海印广场，匆匆人来人往，没人留意练小提琴的大叔演奏些什么。我说给他拍照，他很开心。还说，这琴是一九三几年的。

公园前，阿伯说，小朋友你也知道这是绣眼（鸟）啊，我这只绣眼，可是与众不同，霸气十足，猫它都敢打！

拿着数码单反在龙津西路扫街。和做生意的父母租住在老屋的小朋友，听不懂粤语，只好用普通话和他聊天。他说，哇！叔叔你这个相机好威风，要多少钱？我说，一千多。他说，哇！好贵，我长大有钱了也要买一个！

天字码头的深夜，正在烤串的新疆朋友，听说要拍照，纷纷闻讯赶来。我正好从新疆旅行回来，很高兴地对他们喊：姆赛斯！亚克西！他们说，伊哩哇啦。

珠江新城，一所名牌小学的围墙外。小姑娘抱着收废品的妈妈玩耍。

琶洲国际会展中心，逛累了的一家三口。这里是广州春秋两季交易会主场馆，这里是广州的活力之源，常有紧张激烈惊心动魄的减价打折血拼大戏上演。

恩宁路，广州西关旧城核心地段，是骑楼最多的马路，承载着许多老广的儿时回忆。

岁月的邮差，路过了谁的门前。留下一封寄给未来的信。那信，你或许看过。一片空白，只余深深浅浅看不清的印迹。

与广州苦苦纠缠多年，恩怨难分。
慢慢地都老了。
给这城写封情书，存在心里。

惠福西路五羊仙观

刘叔每天来这里健身。他说：后生仔我同你讲，这石马四十年前就有，看着它被推倒，看着它被扶起来。又说，是时候回家吃午饭了，你慢慢坐。

(2009)

龙津东路

租住老城老房子的，多是从远方来谋生的外地人。将来，他们的孩子，会把广州当故乡吧？
(2011)

陵园西路

三月的木棉开得漫天灿烂。东风大酒店的部长也忍不住忙里抽闲，偷跑出来用手机拍几张，分享给朋友们。
(2013)

荔湾路

粥粉面店的小工蹲在夕阳里，用手机打发时光。不知道是不是在转发：身体和心灵，总有一个在路上。
(2011)

先烈南路

家门口的夕阳，在广州多年，日子似乎就这样日复一日过着，树影拉长又缩短，树叶生出又落下。
(2011)

春風正好
你若在場

丁酉之春
小林寫

3

广州人家

广州人是一个乐于进取的群体

在漫长的历史进程中

广州和岭南人民

正是靠着自己的筚路蓝缕、艰苦创业

才在极其困难的条件下

闯开了一条生路

并创造了自己独特的文化

敢搏敢想包容务实的广州人

广州是一个不知疲倦、仿佛没有夜晚的城市，一年12个月，一天24小时，都保持着旺盛的生命活力。如果你第一次到广州，一定会惊异于广州人的“生猛”，人行道上总是匆匆来去的行人，马路上车流不息，仿佛没有宁静的时候，她能使你不由自主活蹦乱跳地投入到广州一浪接一浪的生活浪潮中去。尤其是逛过夜晚的广州之后——广州的夜生活是那样的丰富，仿佛广州是一个永远也不会睡着的城市。

广州人是一个乐于进取的群体，在漫长的历史进程中，广州和岭南人民正是靠着自己的筚路蓝缕、艰苦创业，才在极其困难的条件下，闯开了一条生路，并创造了自己独特的文化。

多宝路 下午茶时间（2006）

这种独创精神几乎已成为一种文化习惯。广州的文化，从饮食服饰、建筑民居，到音乐美术、戏剧文学，都有自己的特色。

广州历史上是一个远离中原、“天高皇帝远”的南蛮之地，既然没有什么人来管他们和帮他们，他们当然就会按照自己选择的生活方式来生活，而不在乎其他人说三道四。事实上，即便有“北佬”评头论足，广州人也既听不到又听不懂。即便听到了听懂了，也“没什么所谓”。广州人不喜欢争论而喜实干，而且喜欢按照自己的个性去干。

在风云变幻、天翻地覆的中国近代史上，广东有着“思想摇篮”的美称。黄遵宪、康有为、梁启超、孙中山，在这个“天高皇帝远”的地方发出了震惊全国的声音，其影响极为深远。广东不但出思想家，而且广东的思想家既是革命者也是革新者。这其实也正是广东文化或岭南文化的特点，即“生猛鲜活”。

广州人极其看重一个“搏”字，这也是“广州精神”的一种体现。广州人不怕“食头箸”，也就是“敢为天下先”。事实上，广州和整个广东地区的经济腾飞，在很大程度上有赖于这种敢于“食头箸”的精神。许多省外人连想也不敢想的事，广州人和广东人连想也不去想就做，等到其他人醒悟过来，也照着广东经验来做时，其差距已难以追赶。

如此种种，一方面，传统文化在岭南有着深厚的影响，同时，漫长的通商开放又带来了浓郁的海洋文化的影响，使得广州人性格里带着最大限度的包容性。

广州允许“摆款”（铺张），也宽容“孤寒”（吝啬），而且摆能让你摆个够，省也能真让你省下来。广州有豪华气派得让一般人不敢擅入的大酒楼、时装店、精品屋，也有遍地开花的摊点和食肆。在广州，花 1 万块钱买件衣服或者吃一顿不算什么，只花 10 块钱买件衣服或者吃一顿也很平常。那个在街边小店吃牛腩粉的可能刚做完一笔大生意，那个在街头买削价商品的也可能刚花几百万买了一套房子。广州允许不同的人有不同的活法，也允许同一个人有不同的活法。广州是一个很包容的城市，中国很少有这样能让人易于融入的城市。你不会说粤语，广州人往往会就着你说不太标准的普通话。广州人对关系网、势力范围之类的东西不太看重，只要你有能力，肯定能在广州得到非常多的发展机会。

他们一面认真地过着传统节日，讲究吉利，同时又高兴地庆祝圣诞节等西方节日，如 2006 年的广州年轻人庆祝了四个情人节：农历正月十五元宵，是中国情人节；阳历 2 月 14 日，是西方情人节；农历七月初七七夕，也是中国的情人节；刚好那年闰七月，又过了一个闰的七夕情人节。然而情人们也并不厌烦，多多益善。

他们一面热爱着晚餐粤菜的秋冬进补，吃羊肉煲，喝老火汤，同时午饭也爱吃麦当劳和必胜客，开红酒切牛排。一面舞龙舞狮，又一面跳交谊舞、唱卡拉OK；一面穿牛仔裤、露背装，又一面复兴旗袍和香云纱衫。

东方和西方恒久的争执似乎在广州人这里不复存在，一切共存得那么和谐、自然。

是的，不爱争执是广州人的一大特点。当北方还在热烈辩论的时候，广州已经大踏步走开去，向着经济发展的深处进发。广州人温和务实，并不热爱政治纷争，在大街上也很少见到激烈争吵的人。广州人认为，与其有时间争吵，不如省点时间去赚更多的钱。

当许多国人在经济改革的大潮里忐忑不安，如履薄冰前行的时候，广州却“从容淡定”。广州人心底里从来就没有什么“计划经济”的概念，他们靠自己的实力在商海拼搏，不去依赖谁的眷顾。广州人由此养成实惠的习惯，往往喜欢花钱在饭桌上而不是衣着上。食在广州，哪里有时新美食，广州人就会蜂拥而去，但是却一般都不大讲究穿着，他们认为，“吃是吃到自己肚子里的，穿是穿给别人看的”。在广州经常看到的场景，是穿着圆领T恤脚踏拖鞋的老板给西装革履的职员们训话。因为广州人认为，自信源于实力，而不是衣装。

行走西关

说起西关，可以说是广州传统文化最重要的保留之地。西关是一个区域名称，是指荔湾区的北接西村，南濒珠江，东至人民路，西至荔枝湾的老城区，其中以宝华路、逢源路、多宝路、恩宁路、龙津路一带最有代表性。西关文化可以说是广州文化的代名词之一。

西关文化兴盛于明清时期，当时广州作为中国主要对外贸易港口，商业发达，明代怀远驿、清代十三行的设立，使得广州成为中国唯一对外开放的外贸口岸。十三行位于广州城西珠江北岸，以十三行为中心发展出一个繁荣鼎盛的商贸和居住区，因为位于城西，所以称为“西关”，100 多年前，西关是当时广州名门望族、富商巨贾和洋行买办阶层的聚居之地和广州的经济、政治、文化中心。

由于这种历史背景，西关文化融汇了传统的岭南文化和开放的西方文化精华，既有岭南水乡的自然美景，也有优美的园林风光，还有众多富有西关特色的建筑和民俗文化。光阴飞逝，时至今日，当时叱咤风云的富商巨贾们已经和他们的财富飞散无踪，但是西关依旧是今日广州商业繁荣、经济发达的地区。

在西关旅游，最适宜徒步慢行，处处可以发现那些繁华往事遗留下来的点滴细节。旧时荔枝湾畔的“一湾溪水绿，两岸荔枝红”的“岭南小秦淮”，西关大屋和骑楼等精美建筑隐藏在绿树之间，弯弯曲曲的麻石板铺就的小巷通向深处，疑无路处一个转弯，又是一番美丽风景。在西关的小巷里行走，市声繁杂，有许多人潮涌涌的商业街道，也有许多能隐约听到粤曲小调的雅致街道。

要领略西关的文化，首选的所在是上下九，这是一条繁华的商业步行街道，长长的精美骑楼建筑下，经营着时尚的潮流物品；这里还可以尝到许多的西关经典美食小吃；可以去泮塘路、龙津西路附近看看旧时富人们居住的西关大屋，体验西关小姐的生活环境；去恩宁路永庆坊，寻找广州的乡愁；到泮溪酒家的岭南园林里喝一个休闲的广州特色早茶；到荔湾湖看看粤剧“私伙局”的现场表演；在华林寺感受一下梵音烛影；在玉器街选购几件雕刻精美的玉石工艺品；走进幽静的迷宫一样的巷子里寻访一下詹天佑、李小龙、蒋光鼐、陈少白、李文田的故居；去看看陈家祠，从那些雕刻精美的屋檐和窗门中，细细了解一下广州传统的工艺美术。

西关是一个内涵丰富的文化汇聚地，折射了广州的前世今生，令人目不暇接，却又有着无穷魅力，让人沉迷。

西关还是美食的天堂，汇集了数十家著名的酒楼、食府，有广州酒家、陶陶居、泮溪酒家，这些都是有数十年或百年历史的老字号，还有向群饭店、荣华楼等，这些地方都可以品尝到广州地道的菜式，讲究饮食的朋友不可不去。西关的小吃也很著名，有老牌的南信双皮奶、伍湛记及第粥、宝华面店云吞面、陈添记鱼皮、坚记面店手作伊面……在西关漫游不必特别准备正餐，边走边吃，绝对可以令你大饱口福。

逛西关要慢慢地走，走的时间长了，才会有胃口吃更多的东西。看完了西关大屋，吃遍了西关小店，再转回华灯初上的第十甫路、上下九，看一看那些霓虹灯下的广东百年老店和饮食老字号，或者就进去撮一顿，关于西关的印象才完整和丰满。

西关古玩街

这里是外国游客爱去的地方。
(2006)

宝华路

岁月的邮差，路过了谁的门前。留下一封寄给未来的信。那信我或许看过。一片空白，只余深深浅浅看不清的印迹。
(2011)

侨光路

住了几十年竹筒屋趟栊门的阿叔。他见我拿着相机在门口望来望去，就问我，这里不是要拆吧？
（2011）

清朝同治、光绪年间豪门富商们兴建的豪宅，以门庭高大、装饰讲究而闻名。目前保存较好的西关大屋集中在耀华大街一带，整个西关区域都有零散分布，以宝华路、多宝路、逢源路、龙津西路一带保存较多。目前很多西关大屋都年久失修，现在保存较完好的仅 100 多间，旧居虽在，人事已非，但如今住在西关大屋的，多是普通的百姓，可以叩门而入，聊天询问，必有收获。

西关大屋的三件宝——青砖、地角、三重门。大屋用水磨青砖砌壁，所用的不是水泥，传说是以糯米饭拌灰浆，所以砌出来的墙没有一丝缝隙。砌好砖墙之后还须在外面再贴一层水磨青砖，这种面砖贴上去之前就要先用人工打磨，所以西关大屋的青砖墙永远是平滑的。石脚用平整的花岗石，一般要高出地面 70 厘米～ 100 厘米不等，越高则越显出主人的高贵。西关大屋最引人注目的是它那独具岭南特色的三重门。临街的第一扇门是屏风门，也叫矮脚吊扇门或花门。花门上端通花，一般用木雕雕花装饰，有吉祥如意的花鸟图案，也有平安花瓶图案。矮门之后的趟栊门，用圆木组成，形状有点像栏杆，木头的条数只用单数十三或十五根。屏风门和趟栊有通风和防盗的功能，是适应岭南炎热多雨的气候而特制的建筑构件。趟栊之后才是真正的大门，是用红木或樟木等高级木材制造，门钮铜环，门脚藏石臼中，门后用横闩扣门，以防盗贼。

西关大屋的窗户也很有特点，称为“满洲窗”。源起于东北满洲，是由五颜六色的蚀刻彩色玻璃及木格组成，在阳光的照耀下屋子里五彩斑斓，如梦如幻，非常漂亮。

大屋平面布局按中原传统的正堂屋形式，基本上是向纵深方向展开。其典型平面为三间两廊；左右对称，中间为主要厅堂。中轴线由前而后，由南而北，依次为门廊、门厅、轿厅、正厅、头房、天井、二厅、二房。每厅为一进，一般大屋为二三进，形成颇长的中轴线。

两旁偏间前部左边为书房及小院，右边为偏厅和客房。客房顶为平天台，供乘凉、赏月和西关小姐们七夕拜月（拜七姐）等用。偏厅、客房后部为卧房、厨房等。庭园中栽种花木，筑有假山鱼池，颇为典雅清幽。

室内的细节装饰均极富岭南韵味与风采，包括木石砖雕、陶塑灰塑、壁画石景、玻璃及铁镂花、酸枝家具、落地摆钟、刻彩图案、木雕花饰、槛窗等。

大屋一侧的青云巷，一方面营造了过堂风，以保持空气流动，另一方面则方便仆佣们进出。这可谓是西关大屋的一大特色，也体现了广州人的灵活和才智。

许多西关大屋藏身在西关迷宫般的小巷里，需要慢慢找、慢慢看。建议首先乘公共汽车在宝华路站或乘地铁 1 号线在长寿路站下车，从此处向南可到十五甫、十六甫一带；向东北可至耀华大街西关大屋群；向西北穿多宝路、逢源路则是龙津西西关大屋群和古董街，多宝路上不少旧房子也颇值得一观。

一般西关大屋均不要门票。但广州人一般对陌生人戒备心会比较重，需要做好充分沟通才会被允许进入，被拒绝也不是稀奇的事情。不过在麻石铺路的小巷内走走感觉也不错，小巷里的居民悠闲地打牌下棋、乘凉聊天、遛狗散步，怡然自得，别有一番风情。

西关大屋除了丰厚的建筑艺术内涵让人流连之外，著名的住在西关大屋里的“西关小姐”也让人浮想联翩。

清中叶，广州一口通商的繁盛，造就了大批富甲一方的商贾，也造就了学贯中西的西关小姐。她们以群体的形象集中体现了时代和潮流的方向，是广州女性解放的先声，也代表着广州 20 世纪上半叶最风雅和繁华的生活。

生活在西关大屋里的西关小姐一般是小康以上人家的女子。清末民初，这里首先开始废除裹足（俗称扎脚），具备了出现新时代特色的西关小姐的历史背景。

由于受到外来西方海洋文化的影响，西关小姐摒弃了传统大户人家“足不出户、独守闺房”的传统，热衷于社会交往和公益活动。

由于饱读诗书，心地善良，生活富裕，西关大户人家的小姐同情社会上的

贫苦人家，对做善事、捐款等善举十分热心。据西关大户钟家花园的后人回忆，钟家的大女儿曾捐善款白银千元以上，虽只取回一支荷兰水（汽水）也十分高兴，认为是帮助了有困难的人家。早在19世纪，沙面附近水域就有一艘船叫“医光”，船上有两位西关女子，每周有两天上船为水上居民义诊，为水上妇女接生。有些西关小姐还自习中医，熟习《验方新篇》等医书，以民间验方经常为相熟的人家、同乡同事作家庭保健顾问，至老不悔。在封建社会缺医少药的环境中，西关小姐的这种社会行为无疑赢来了许多赞赏和认可。

西关小姐主要的社交圈子有邻里间往来，被称为“街坊姐妹”，还有亲戚关系同宗同族姐妹间的往来，近亲者当天不便回家的还可以在对方家中小住，甚至延至半月的光阴。另外因为对古典文学、诗词、琴棋等的共同爱好，为互求学问或书画艺术作品而亲密交往者，还可以互结为金兰姐妹。有人把西关小姐的交往比作琴棋书画的交往，不无道理。

西关小姐出于传统又突破传统，传统的西关接纳了不少先进的外来文化，并增添了其开放性、兼容性的特色。在中西文化的融汇中，在浓郁的西关民俗风情中，培养出一代又一代贤良淑德、内秀外美、求索进取的西关小姐，并在历史的演进中，逐渐成为广州文化中亮丽的一族、美丽高雅的女性形象代表。

东山洋楼　东山少爷

广州有俗语：“西关小姐，东山少爷。”说的是20世纪30年代广州曾经令人瞩目的风华一代。东山，位于广州市中心地带，因明代“东山寺”而得名。历史上有许多名人如孙中山、毛泽东、邓小平、鲁迅等都曾在这里活动居住过。东山历史悠久，文化气息浓厚，俗语云：“有财有势住东山。”旧东山区的梅花村、新河浦、恤孤院路和寺贝通津一带，时常可见一栋栋外墙斑驳的小洋楼，这是中华人民共和国成立前高官要人的私宅。世事沧桑，这些小洋楼的主人已经各散天涯，现在洋楼里住着普通居民，或被改为写字楼，或为时尚小店、咖啡厅，或年久失修荒凉空置，或面临倒塌危机。

东山的小洋楼同样适宜于慢慢步行探访。夕阳西下的时候，走在很有东山风情的小街里，居民们放学下班，做饭闲谈。那些藏在老街里的一幢幢小洋房，既有着东方的精致，又有着西洋的气派，总让人看得心驰神往，仿佛重回旧时光，深深感受到广州独特的市井文化气息。

说说东山洋楼的历史吧，1840 年鸦片战争后，随着西式文化的进入，广州的居住建筑也出现了西式风格。广州传统的西关大屋、竹筒屋等民族传统建筑风格与西方古典建筑相糅合，出现了新型的花园式洋楼。

东山一带，20 世纪初还是广州郊外荒野之地。从 1915 年开始，一些广东籍华侨开始在这里建置房产。民国时军政官僚也纷纷到此营建别墅和官邸，于是东山一带，尤以新河浦为代表出现了许多时髦、豪华的花园式住宅和洋房。遥想当年，显赫一时的东山少爷，他们青春年少，英姿勃发，风流倜傥，一掷千金。由于思想深受西洋文化的熏陶，他们打破了传统的拘束，按照自己的意愿装扮家园，令今天的新河浦路、龟岗大马路一带建筑成为那个年代最前卫、最现代的居住场所，小洋楼也就成为了东山的标志。

如今，这些中西结合的小洋楼，虽经岁月剥尽了繁华，然而依稀仿佛里，不难看到当年的东山少爷在政坛军界是如何地叱咤风云。

东山洋楼

（2006）

曾经最大的一个梦想，是拥有一座东山的小资洋楼，稍加装修，是可以住一辈子的地方。这里是广州的中心地区，商业繁盛、生活方便、交通便利，实在是住在广州的不二之选。不过广州寸土寸金，一幢小洋楼的价格接近天文数字，不是随便可以梦想的，还是有空的时候多去东山走走，感受一下梦想和现实的距离吧。

东山花园式洋楼一改传统建筑“青砖石脚”西关大屋的格调，又有别于“开间小、进深大”的竹筒屋的布局。由于受西方建筑风格影响，东山洋楼大多有古典柱式，也有部分采用中国传统形式；建筑面积较大，平面不规整，布局灵活多样，一般为二三层，前后有庭院；建筑大多有柱式门廊，若无门廊，则在门上方设三角山墙式屋顶，起雨罩作用，近似欧洲的乡间别墅；室内精心装修，地面一般都铺以优质水泥花阶砖。

东山花园式洋楼大体分为两类型：一种是花园别墅式，前后有庭院，主楼多为二三层，外墙用红砖砌筑，水泥钢筋结构，多采用仿罗马、希腊等形式，门廊入口处采用券拱形式和山花顶，形式新颖，副楼多为平顶，清水红砖勾缝外墙，装饰稍逊色；另一种建筑线条简练，装饰简洁，外墙用红砖砌筑，楼上筑阳台或前廊，室内明亮宽敞，地板铺水泥花阶砖，柚木门窗，主楼前设小庭院。东山新河浦的春园、简园、逵园、明园等名园是这两类花园式洋楼建筑的代表作。

家在骑楼街

在广州的街头行走，随处可见富有特色的骑楼建筑。

广州是中国近代骑楼商业街的发祥地，骑楼商业街可以说是专为广州量身定做的。

骑楼既完美地结合了商住两用的建筑功能，也很好地契合了广州的气候。楼上与地面保持一定距离，能减少广州阴雨天气带来的“湿气”，采光和通风效果俱佳；走廊挡风、遮阳、避雨，热天晒不着，雨天淋不着。走在走廊里，一边

南华西街

（2007）

是马路，另一边是商铺，别有情趣，为购物者营造了一个舒适安心的环境。

骑楼的楼上住人，楼下开店。为了楼的整体平衡，楼房伸出两条腿来支撑，两条腿就叫作柱廊。从柱廊向上依次为楼层、山花，外墙上的装饰材料丰富多彩，窗台下的墙面往往还有各种花纹或浅浮雕。骑楼上由玻璃及木格组成窗花的满洲窗，最具有中式建筑的特色，楼顶的山花和女儿墙，则是西方古建筑特有的元素，骑楼的整体风格被中西合璧成仿哥特式、南洋式、古罗马券廊式、仿巴洛克式和中国传统式等很多种。这种富有岭南风格的建筑样式在广州始创之后，在两广、福建地区和东南亚地区大为流行，现在到这些地方的城市去还常常可以看见这种广式风格的骑楼。

广州的骑楼街星罗棋布，随处可见。几乎所有的商业步行街都采用骑楼设计，其中以上下九、一德路一带的骑楼街保存修缮最为完好。

满城尽是看花人

天河花市

广州气候温和，冬无严寒，一年到头鲜花盛开，故有“花城”的美称。
（2012）

广州市民过年，也有着非常丰富深厚的民俗文化，尤其是广州市民参与最多的“逛花市”，广州话叫“行花街”，更是广州节庆文化的代表，名闻中外。

广州四季如春，一年到头鲜花盛开，故有“花城”的美称。优越的地理位置和良好的自然环境，为各种花卉的成长提供了极佳的生长条件。广州的迎春花市历史悠久，源远流长，是广州独有的传统民俗，早就名扬五洲，饮誉四海，是全国独一无二的民俗景观。

广州人行花街已经不是买花这么简单，而是岭南年味的一种欢乐参与，和对广州的一种深深的文化情结。行花街的风俗一直没有被破坏过。按照广州人的性格，不管什么年头，年照样要过，花街仍然要行，没有人敢说“不”，更没有人敢用其他东西来替代这个凝聚力极大的风俗。

花市的准备工作开始于除夕前一个星期，越秀区的西湖路一带，白云区的棠景街，荔湾区的荔湾北路，海珠区的滨江西路，黄埔区的黄埔体育场，天河区的天河体育中心，黄埔区的青年路，番禺区的盛泰路，花都区的永发大道，届时这些地方都会进行交通管制，花农商人们纷纷进场，把这几条马路张灯结彩，布置得花团锦簇。花市通常分成几个区域，除了鲜花鲜果，各种过年年红、春联、吉祥物、玩具、干果年货应有尽有。越秀花市是广州历史最悠久，规模最大的花市。

花市里花架一层层沿街伸展，形成几条望无边际的花的长廊。每个花市的出入口处还搭起绚丽辉煌、雄伟壮观的迎春花市牌坊。

广州花市开始于过年前的三天，人们倾城而出去逛花市，欢乐的人们眼里看着花，嘴里说着花，手里举着花，肩上扛着花，满城尽是看花人。

除夕之夜的花市达到高潮，广州是花的城市，花的节日，花的海洋，花的世界，使人真正领略南国“彩缕穿花”的风情。

香街十里一城春，笑语喧声入彩门。
疑是层峦采蜜使，幻成百万赏花人。

风车是花市上最畅销的东西，几乎每个行花街的人都会举着一个。风车寓意转大运，来年把“衰运”转走，把“好运”转来。

广州人家里喜插桃花，寓意“大展鸿图”。广州话中的“桃”与“图”同音，“红桃”即意为“鸿图”，有人迎红桃（鸿图）回家是祈望来年转鸿运；还有许多未婚青年男女，插上一枝桃花，冀望明年会走桃花运，找到梦中的情人。

金橘树形虽小，一般连盆带树不足 70 厘米高，但却果实累累，能有数百个之多，把枝叶压得弯弯的，椭圆形的小果实金灿灿。它象征发财吉利，非常逗人喜爱。

兰花也是广州花市上人们喜欢的品种。国产的墨兰、剑兰、蕙兰、春兰、秋兰、寒兰，外国的嘉德利亚兰、大花蕙兰、蝴蝶兰、拖鞋兰等都非常受欢迎。

很多人在观赏花市的时候都喜欢一枝一枝地选购鲜花，这一类叫作散花。人们随意挑选，可以讨价还价。散花主要有菊花、剑兰、银柳、鸡冠花、芍药、玫瑰等。逛花街的人们都会慷慨解囊，大把大把地选购各式各样的鲜花。

花市里不但卖花，还有无数新奇好玩的潮流年货、玩具和零食出售。许多广州的少男少女把花市作为一个商海练兵的地方，几个人合伙订一个铺位，商量进货，出售许多五花八门畅销好赚的玩意儿。花市，同时也是广州作为千年商都的一块重要培养土壤。

广州人对行花街的浓烈感情让人惊叹。当你置身于从四面八方涌向中心花市的人海之中，感受到那种壮观和强烈的气势，你会真切地感觉到广州人对传统文化的皈依，感受到昔日岭南文化的深厚底蕴还未曾丢失。如果你正好在广州过年，逛花街是一定不要错过的。

越秀花市

广州花市是广州市每年一度于新年春节之前举办的特别市场，供市民购买贺年年花及各式用品。从每年的农历腊月二十八起，一连三天。一年一度的迎春花市繁花似锦、人海如潮，热闹非凡，是广州人民的一场嘉年华。广州童谣《行花街》：“年卅晚，行花街，迎春花放满街排，朵朵红花鲜，朵朵黄花大，千朵万朵睇唔晒”。广州人喜欢把“花市”称作“花街”，而逛花市就叫“行花街”。广州人农历新年必备三种年花：金橘、桃花和水仙。

（2012）

飞机榄

旧时西关的商业街道上，经常有卖榄人挂着一支唢呐边走边吹，身穿公鸡造型服装招徕顾客，一包一包腌好的橄榄有辣有不辣。传说是因为家住三四楼的人太懒，于是卖榄人便练就一身功夫，总可以把飞机榄准确无误地投到各家各户的阳台和窗户上去，楼上人把钱再抛下来就可以了。

一盅两件

是指广州茶楼上，许多老顾客每天清早都是叫一盅盖碗茶，两件点心，一般是虾饺、烧卖或叉烧包，高谈阔论，消磨一个早上的清闲时间。这是老广州一种传统生活习惯，富有岭南市井民俗风情，其乐融融。

粤式婚俗

广州传统婚礼程序相当复杂，大体来讲粤式婚俗可以分为迎亲、酒席、拜天地、喝新妇茶、婚后三朝回门等，步骤繁复，讲究吉利，特别是迎亲时伴娘姐妹们向伴郎兄弟们索要开门利市，迎亲后要走遍广州市内的恒福路、永福路、长寿路、百子横路等许多名字吉利的街道，兜上大半天的时间，十分好玩。

啜田螺

20 世纪八九十年代，每到万家灯火之时，广州长堤一带总会有许多摊档架炉设锅现炒现卖田螺，香味好不诱人。故有许多广州人都喜欢在晚饭之后，邀约三五知己，又或是心仪之人，沿着长堤散步。走累了，就找一田螺档坐下，来一两碟紫苏叶炒田螺，开几瓶啤酒，吹着江风，低尝浅酌，把酒谈心，真乃人生一大乐事也。

落雨大水浸街

旧时广州西关地势低洼，每逢久雨加上珠江潮涨，水就会漫上街道，小孩子们穿着木屐，打着花伞跑在麻石板的小巷里，一起唱着广州最耳熟能详的“落雨大，水浸街，阿哥担柴上街卖，阿嫂出街着花鞋……”这是许多广州人的共同回忆。

乞巧节

农历七月初七的夜晚，是广州人的“乞巧节”，是过去姑娘们最为重视的日子。在晴朗的夏秋之夜，仰望遥遥相对的牛郎织女星。传说织女是一个美丽聪明、心灵手巧的仙女，于是凡间的妇女便在这天晚上向她乞求智慧和巧艺，也少不了向她求赐美满姻缘。年轻姑娘们还纷纷穿针引线，做些花样百出的刺绣工艺和面食点心赛巧，精彩不断。

大吉大利
戊戌夏
小林

4

那些温暖而又美味的时光

真正的“食在广州”

还有更深一层含义

是说广州人对吃的热情

他们见面的问候语通常是

“今天去哪里吃饭？”

“最近有什么好吃的？”

食在广州　住在花城

广州是誉满中华甚至誉满世界的“美食之都”，“民以食为天”在广州是最没有争议的一句座右铭。广州城内，享誉百年的茶楼酒家老字号比比皆是。粤菜是中国四大菜系之一，菜式内容丰富、品种繁多、烹饪精细，以其独特的风格和风味而享有盛誉。随着改革开放，粤菜在全国乃至全世界遍地开花，成为各地食客及海外华侨、华人最受欢迎的菜系之一。

广州的点心、小吃闻名四方。北京路、上下九路、西关食街一带有老广州风格的小吃和点心。广州的老火汤也发展成了一种带有浓郁当地特色的文化，加入名贵中药，经过几

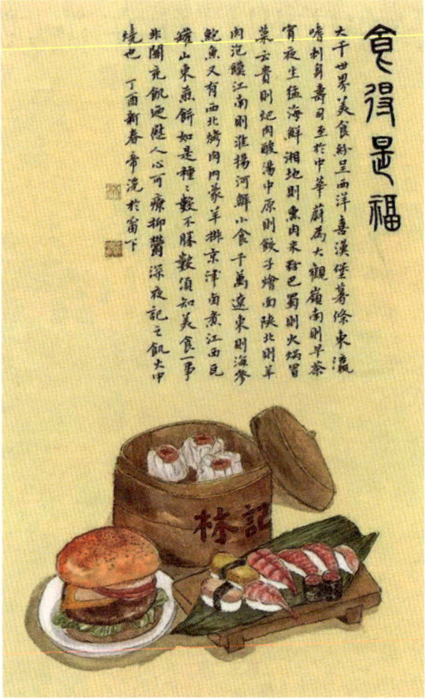
食得是福
大千世界美食紛呈西洋喜漢堡薯條東瀛嗜刺身壽司至於中華蔚為大觀嶺南則早茶宵夜生猛海鮮湘地則臭肉米粉巴蜀則火鍋冒菜云貴則炖肉酸湯中原則餃子燴面陝北則羊肉泡饃江南則淮揚河鮮小食千萬遼東則海參鮑魚又有西北烤肉內蒙羊排京津鹵煮江西瓦罐山東煎餅如是種種數不勝數須知美食一事非關充饑更是人心可療抑鬱深夜記之飢火中燒也
丁酉新春帝洸於窗下
林記

个小时的广式煲煮，香厚醇鲜的靓汤成了一种文化。还有广州的凉茶，也是一种独特的饮食习惯。

然而，不独是传统粤菜，广州人好吃、善吃、吃得豪气干云，当然引得全国乃至境外的饮食业来这里大展拳脚。在广州不单能吃尽中国八大菜系，也可尝到来自世界各地如日本、法国、西班牙、韩国、意大利、东南亚国家的美食。在广州，只要有钱，没有吃不到的东西。海南文昌鸡、东北炖粉条、西安羊肉泡馍、成都酸菜鱼之类自不必说，法国鹅肝、德国红肠、韩国烧烤、日本刺身，也都绝对地道、绝对正宗。

广州，就像是一座应有尽有的大酒楼。

然而这些，还不足以道出“食在广州”的真谛，中国是一个饮食文化极为发达的国家，全国各地都有好吃的东西，并非只有广州才是“食的天堂”。真正的“食在广州”还有更深一层含义，是说广州人对吃的热情。他们见面的问候语通常是“今天去哪里吃饭？最近有什么好吃的？”，还有就是，广州的“三茶两饭”外加“一夜宵”，广州人一天 24 小时，仿佛都是都在吃中度过的。

吃的节目是从早上 6 点来钟的“饮早茶”开始的。别看这时天还没有大亮，开设早茶的酒楼却已人声鼎沸。经过多年粤文化的普及，各地人都已知晓，所谓“饮早茶”并不是喝茶，而是吃点心，如虾饺、凤爪、肠粉、春卷、牛肉丸、马蹄糕，还有猪肝粥、鱼片粥、皮蛋瘦肉粥等各种粥类和青菜。老广州人是很看重早茶的，有“一盅两件叹早茶”的说法。叹，在粤语中是“享受”的意思。清早随便要一两样点心，便可以边吃边聊直到早茶收档，可真的称得上是“叹世界”（享清福）。

早茶一般上午 10 点左右收档。稍事整理后，午饭便开始，广州人中午在外吃饭的不多，一般在单位吃食堂或在公司吃便当。因为下午还有事，所以中午茶的内容形式与早茶没有什么两样，热衷者也多为老广州人。

午茶到下午 5 点便收档，接着便是一天中食肆最旺的晚餐。晚餐是广州人吃得最讲究、最排场的一餐。因为家人也好朋友也好，唯有此时才可能相聚，而且时间有保证，能够尽兴，不至于被公务打扰。即便是应酬，也显得有诚意。因此一到华灯初上，广州的酒楼便人满为患。吃完晚餐，如果是老友相逢，则可能还要去饮夜茶。真正的夜生活在夜茶时才真正开始，酒足饭饱之后，可以饮至深夜的夜茶是很好的放松和休闲，朋友们正好促膝谈心。

深夜，可以说才是“食在广州”的高潮，广州人称之为“去消夜”。广州人原本就有过夜生活的习惯，由于物质的丰富和收入的增加，消夜的人越来越多，经营消夜的食肆也越来越火爆。每到深夜时分，食肆便灯火辉煌，食客如云，热气沸腾，构成独特的“广州风景”。消夜一直要开到早上 6 点，接下来便是新一天的早茶。这种 24 小时不间断的餐饮接力赛，在外省许多城市，不但罕见，而且不可思议。但这又恰恰是地地道道的“广州特色”。尤其是早茶、午茶、晚茶和遍布广州大街小巷的食肆，最能代表广州的城市风情。因此有人说，只有终日流连于这些地方的人，才能真正体会“食在广州”的含义。

与生猛粤菜做一次忘情厮杀

广州是粤菜的发源地。

粤菜包括广府菜、潮州菜、东江（客家）菜，而通常以广府菜为代表。广府菜既集“南（海）、番（禺）、顺（德）、中（山）”等珠江三角洲地方风味的特色，更兼采京、苏、扬、杭、鲁等外省菜以及西菜之所长，融会贯通而独成一家。粤菜作为中国菜四大菜系之一，以其独特的风格和风味而享有盛誉，其取百家之长，用料广而精，配料多而巧，味重清、鲜、爽、滑，讲求镬气，尤以小镬小炒著称。

粤菜最大特色是材料复杂，菜式丰富。它用料广博奇杂，配料多而巧。山珍海味、中外食品，无所不有，可谓全国之冠，对粤菜略有了解的人都会调侃：“广州人地上四条腿的除了桌子、天上飞的除了飞机不吃之外，其他什么东西都敢吃。”各种原料，一经厨师妙手烹制，每每令食者击节赞赏，叹为异品奇珍。

什么都敢吃，这是广州人的开放心态和创新意识在饮食文化上的体现。广州人虽然无所不吃，但近年来不吃野生动物了，众多酒家、食肆和广大市民都自觉遵守。

粤菜的第二个特色是口味清淡，可用“清鲜嫩滑爽香”六字概括其风味特色。这是粤菜广受欢迎的根本原因。粤菜调味品种类繁多，遍及酸、甜、苦、辣、咸、鲜。但一般只用少量姜葱、蒜头做“料头”，而少用辣椒等辛辣性佐料，也不会太咸或太甜。粤菜重色彩，求“镬气”（指用武火把镬烧热，加油，把油烧开，炒出来的菜有一种香味），火候恰到好处。粤菜追求原料的本味、清鲜味，如活蹦乱跳的海鲜，要即宰即烹，原汁原味。广州人好吃鸡，但最爱吃的是白切鸡。白切鸡的做法是水煮开以后停火，把光鸡浸在开水里浸熟，外地人看见骨头有血不敢吃，其实皮肉全熟了，保持了鸡的原味，吃的时候才加姜、盐等配料。这种追求清淡、追求鲜嫩、追求本味的特色，既符合广州的气候特点，又符合现代营养学的要求，是一种比较科学的饮食文化。

粤菜的第三个特色是博采众长，善于变化，制作精良，勇于创新。粤菜具有“杂交”的优势。因为粤菜形成的历史是由中外饮食文化汇合并结合地域气候特点不断创新而成的。历史上几次北方移民到岭南，把北方菜系的烹饪方法传到广东，清末以来，广东的开放亦使得饮食上渗透了西方饮食文化的成分。粤菜的烹调方法有 30 多种，其中的泡、扒是从北方的爆、扒移植来的，煎、炸则是从西餐中借鉴的。广东人思想开放，不拘教条，一向善于模仿创新，因此在菜式和点心研制上，便富于变化，标新立异，制作精良，品种丰富。粤菜的菜式还注重随季节时令变化而变异，夏秋求清淡，冬春重浓郁。宴席上的菜式皆冠以美名，如烤乳猪叫“红皮赤壮”，虾仁炒马蹄（荸荠）叫“龙马精神”。到目前为止，粤菜的菜式有 5400 多种，点心有 1000 多种，风味小吃也有数百种之多。单是鸡的做法便有几百种之多，几乎每一著名的酒家、食肆都有自己的“招牌鸡”来招徕食客，著名的有清平鸡、文昌鸡、

太爷鸡、东江盐焗鸡、东方市师鸡、陶陶姜葱鸡，等等。

“食在广州”不是虚言，广府菜是粤菜的主体和代表，广州饮食业在全国首屈一指，拥有一大批经历百年而不衰的老字号和新兴名店，传统和创新的名菜、名点、名小食、名风味食品不胜枚举。好吃的地道的菜馆往往都在老城区，如越秀区、荔湾区，而新区天河区也有大举赶上的趋势。盘福路、江南西路、惠福东路等就称得上是“食街”，一路排着大大小小的食肆。有几家酒楼和菜式在当地人中是非常知名的，如广州酒家的满汉全筵、北园酒家的时果美点、泮溪酒家的点心宴、南园酒家的潮州菜，东江海鲜酒家、幸运楼酒家、惠食家酒家等还有多家分店，而莲香楼、陶陶居等老字号也值得一去。

白切鷄之戀
我脚踏實地
鷄腿歸我
你心懷遠方
翅膀給你
丁酉之秋帝流寫

广州人的一盅两件

广东人喜爱饮茶，尤其爱饮早茶。早上见面，往往以“饮咗茶未”（意即“你喝茶了吗”）作为问候，可见其对饮茶的喜好。饮茶是广州人历史悠久、雷打不动的习惯，分为早茶、午茶和晚茶。

广东人喝茶的意思包括：喝茶叶泡的茶水，吃各色点心，和知己好友闲聊。其中喝茶是引子，点心用来助兴，最终的目的是闲聊。这是消磨时间的好方法，也是联络感情的好途径。可见，广州人的饮茶实际上是一种社会交际的方式。

广州的茶楼遍地，从早到晚茶市都很旺。早晨，人们在洗漱后往往就直奔茶楼，饮茶吃早点。“一盅两件”是最通常

一盅两件三餐四季
戊戌初冬帝浣写於嶺南

的早点，指的是一盅盖碗茶和两样小点心。近年来很多茶楼也渐渐推出商务茶，让商务人士和客户喝茶、吃点心、谈生意，既能放松，又完成了商务谈判，一举两得，这种茶市往往一直持续到中午，难怪人们常说广州人的工作是从中午开始的。下午茶也常常与商务活动有关。至于晚上喝茶就是消夜了，举家喝茶，或者请客户的也大有人在。广州人精明的生意头脑可略见一斑。

进到茶馆里，首先是服务小姐给你一张记录卡，先问清楚有多少人并在卡上作记录（这叫茶位，每人一个茶位；每个茶位费要几到几十块钱不等）。选好桌子坐好，先来一壶茶，茶叶是任选的，有乌龙、普洱、菊花、菊普（菊花加普洱）等，价格都不高，一般正宗的早茶场所并不注重茶的质量，讲究的人会自带茶叶，这也是广州早茶有异于其他城市的特点，似乎广州人更注重点心的质量，而不是茶的质量。

倒茶时也有学问，不能先倒自己的，必须从别人开始，最后一个才是自己。别人给自己倒茶时，应该用手指头在桌子上敲几下以示谢意。

广式点心经典之作

广州点心又称为广式点心，品种有1000多款，为全国点心种类之冠。其特点是制作精细，咸甜兼备。其中又以虾饺、干蒸烧卖、粉果、马蹄糕、糯米鸡、豉汁凤爪、咸水角、奶黄包、肠粉、咸猪骨粥、皮蛋瘦肉粥、清蒸排骨、牛百叶、紫苏炒田螺等为代表。

虾饺是广州的传统美点、其特点是：清鲜味美、爽滑而有汁，在制作上较为讲究，将澄面、生粉制成虾饺皮；鲜虾洗净去壳吸干水分，肥肉切成细粒，用开水烫至刚熟，再用清水浸过，使肥肉既爽而又不致出油：加入鸡蛋白、细笋丝、味粉、麻油、胡椒粉等配料，经冷冻后制成虾饺蒸熟。虾饺皮薄而半透明，皮内虾饺馅料隐约可见，形似一梳香蕉。由于外形美观，味道鲜美爽滑，美味可口，深受海内外食客赞誉。后来推出的鸡粒虾饺、蟹黄虾饺等新品种也深受食客的青睐。

马蹄糕是将马蹄（荸荠）磨成浆或干马蹄粉兑水加糖蒸制而成。历史上以荔湾泮塘产的马蹄粉蒸制的马蹄糕为最好，其色美、晶莹、透明、爽滑、清甜，是广州人喜爱的早点之一。

萝卜糕是一种广州人喜爱的点心。以黏米粉、萝卜丝为主料的蒸糕，将黏米浸洗磨浆压平，萝卜刨丝煮熟，以上两种原料混成糊状，加入虾米、腊肉、猪油、胡椒粉、酱油、味精、精盐等拌匀蒸熟。家庭多在春节时制作，茶楼则长年供应。萝卜糕一般在平锅里用油煎几分钟，则香甜好食；而碗仔萝卜糕可热食，无须煎制。

叉烧包是广州人历来喜爱的大众化点心。叉烧包的皮现在采用酵母发酵法，可使皮更加松软可口。叉烧包的馅料制作是把叉烧切成丝，再调上糊状的芡，蒸熟，便成为“玉液叉烧包”。其特点是：包皮松软，馅香有汁。

干蒸烧卖用鸡蛋液、水和面作皮，猪肉、虾肉、冬菇作馅，捏成石榴花形，蒸制而成。其色皮淡黄，蟹黄鲜艳，皮软、肉爽，稍含汁液，鲜美而香。在20世纪30年代，干蒸烧卖已风靡广东各地，近20年来，又传遍全国的大中城市，成为岭南茶楼、酒家茶市必备之品。

粉果是广州传统名点之一，创制已有半个多世纪。粉果以澄面、生粉、水、猪油、精盐拌匀搓皮，以叉烧、瘦肉、冬菇、笋、鲜虾配以生抽、白糖、味粉、蚝油等调味品为馅料，经精心包制而成。其特点是清香、肉鲜皮脆、味道鲜美。粉果的包制，要求满而不实，形似榄核，摇有响声，由于制作精细，风味独特，故深受食家的喜爱。

豉汁凤爪也是广州茶楼的必备点心之一，特点是色调金黄，入口即烂，口味鲜美，回味无穷。还有白云凤爪的做法也很常见，特色是爽脆开胃，酸甜可口。

老火靓汤：今晚返屋企饮汤

广州人对汤的讲究堪称一绝，每日无汤不快，还要因应四时变化而配制不同的汤，其选料之精、用料分量之重绝不亚于做菜。可以说，广州人是在汤中泡大的！不少老火靓汤动辄费时半天一日，所以，不尝广州的靓汤，不算见识过正宗粤菜。

广州人喝老火靓汤的历史由来已久，其原理源于中医的药理。湿热的气候使得广州人比较容易上火，但逢头疼身热，广州家家都几乎能自己动手煲一剂凉茶。凉茶虽好，但实在太苦了。从中医的角度看，任何动植物都会有自身的药用价值，在文火的煎熬下，药性与水相容，成为药汤。一些从医者研究发现，以相对应的动物器官做药引，往往效果更佳，比如猪肺，就是常用的清肺汤料；猪横脷，是健脾胃，助消化的汤料，等等。在“以形补形”的中医理论影响下，久而久之，爱吃擅食的广州人就这样从中药的煎熬中悟出了老火靓汤。

广州人无论是在家还是到酒楼宴客，首先考虑的不是上什么菜，而是上什么汤。在宴席上“汤”永远是唱主角！先上汤，后上菜，几乎成为广州宴席的既定流程。在炎热的夏季，每天繁忙工作之后，返屋企（回家）喝一碗妈妈煲的清心下火的老火靓汤，个中味道回味无穷，温暖而美好。

广州人论“食”津津乐道；广州人论“煮”滔滔不绝，尤其对煲“老火靓汤”更是情有独钟，而且颇有研究。不同的年龄，从事不同的职业，身处不同的环境、气候，身体有什么毛病或身体欠缺什么，或强身健体、或保健营养、或进补美容等，都有其相对应的汤水。广州人的家里光煲汤料就如一个大宝藏，个个主妇都能如数家珍，说出很多煲汤的道道来。

一个聪明快乐的广州小女人，总能像变戏法般端出很多令自家男人留恋不已、垂涎三尺的汤水，总能弄上几味令男人在朋友面前吐气扬眉、终生不厌的拿手小菜。广州的主妇逛干果市场（专卖煲汤料的地方）比逛时装店更来劲，广州女人与女人之间最多的话题是“煲汤”，广州女人听到自家的男人说“老婆，你煲的汤很好喝”比自家的男人说“老婆，我爱你”还高兴。广州女人对自家男人的爱都融在那锅“老火靓汤”里！“老火靓汤”要的是火候，一煲就要好几个小时。端上来香溢满屋的汤，如同女人付出她的爱一样，慢慢地渗进男人的心肺，而男人喝着自家老婆用爱煲出来的汤，就如品尝老婆的真爱和真情。

南华西街

驰名林氏凉茶。正箍牙的店家姐姐说，靓仔，拍照要收版权费的知不知道？我说，版权费就没有了，帅哥就有一个，要不要？（2008）

广州人的老火汤种类繁多，可以用各种汤料和烹调方法，烹制出各种不同口味。猪肺，就是广州人常用的清肺汤料，常用的还有霸王花、菜干、瘦肉、猪骨等，辅料则非常讲究，常采用乌龟、甲鱼、乳鸽、乌鸡、鱼翅、鲍鱼、干贝或其他山珍海味。

具有广州地方特色的“靓汤”，有半边莲炖鱼尾、冬瓜荷叶炖水鸭、冬虫草竹丝鸡汤、椰子鸡汤、西洋菜猪骨汤、霸王花猪肉汤等。汤料可以是肉、蛋、海鲜、蔬菜、干果、粮食、药材等；煲汤的方法有多种，熬、滚、煲、烩、炖等；不同的汤由于不同的材料会有咸、甜、酸、辣等不同的味道。

广州人在夏天喜欢喝生滚的肉片、鱼片青菜汤，冬天则喜欢药炖的、肉熬的浓汤，用慢火熬的肉汤、鸡汤、鱼汤，味鲜美而不肥腻。如果你的身体火气旺盛，就要选择性甘凉的汤料，如绿豆、薏米、海带、冬瓜、莲子，以及剑花、鸡骨草等清火、滋润类的中草药。如果你的身体寒气过剩，那么就应选择一些性热的汤料，如参等。诸如冬虫夏草、参之类的草药，在夏季是不宜入汤的。即使在秋冬季，滋阴壮阳类的大补草药，也并不适合年轻人和小孩子。在汤料的选择上，用来炖的一定不能用来煲，如参、茸、燕窝等。

大多数北方人煲汤认为要加香料，诸如葱、姜、蒜、花椒、大料、鸡精、味精、料酒之类。事实上，从广东人煲汤的经验来看，这些香料大可不必。如果需要，几片姜足矣。喝汤讲究原汁原味，只要煲的时间够，汤的鲜美味道自然会飘溢出来。

煲汤在烹制上并不很烦琐，但是需要的烹调时间很长，有些耗工夫。事实上煲汤很容易，只要原料调配合理，慢慢在火上煲着即可。水开后，改为小火慢煲，火候掌握在汤可以开着即可。原料要与冷水一起下锅，这样能把原料里的蛋白质、脂肪、鲜香味等物质，经加热后，充分浸出，溶于汤内，使汤味鲜醇味美。如果把原料放入沸水锅中煲汤，原料外层骤受高温，表面会凝固形成一道屏障，蛋白质、鲜香物质等成分大量溶出，汤汁达不到鲜醇的目的，从而降低汤的质量。煲汤时忌中途添加冷水，因为正加热的肉类遇冷收缩，蛋白质不易溶解，汤便失去了原有的鲜香味。同时也忌早放盐，因为早放盐能使肉中的蛋白质凝固，从而使汤色发暗，浓度不够。

老火靓汤传统上是用瓦煲来煲最为正宗，冷水放进汤料，煮沸，将火调小，慢慢熬制2～4小时而成。饮食行业常说的“三煲四炖”指的是：煲一般需要2～3小时，炖则需要4小时。火不要过大，火候以汤沸腾程度为准，开锅后，小火慢炖即可。好汤不用加任何调味品，汤的鲜味和浓度已经适中，最后再加点盐足够了。

文德南珠光市场

独自开生草药店的陈婆婆。十年里，每次路过，都会给她拍张照。潮湿的回南天，会向她买一把鸡骨草，回家煲猪横脷，秋天则会买两坨土茯苓。每次婆婆都会微笑着说，又来啦？今天的塘葛菜很靓哦。

（2008）

寻觅广州街头小吃

食在广州，印象中最不可磨灭的，便是广州的小吃。名闻遐迩的广州小吃，别具特色，它不但在日常生活中充当人们味觉的调剂品，更让游客有机会品尝到地地道道的广州民间风味。

广州小吃散布在广州各大城区的大街小巷，其中最集中的地区是西关老城区。作为广州最为古老和富有风情的一块地方，西关小吃老摊老铺随处可见，保留着很多传统名小吃，大小食肆数不胜数。大的如广州酒家、陶陶居、莲香楼、泮溪酒家等，小的有“银记”“伍湛记”“南信”“吴财记”等，是一个能吃到最多广东风味小吃的地方，而且在制作方法上也最为正宗。漫游在富有老广州风情的街道上，一路吃将过去，不知不觉已经被各类美食撑得饱饱的。

广州最正宗、味道最好的小吃往往以街头小店形式藏在小巷坊间，外观毫不起眼，却往往是经营了数代，因为味道独特，价格不高，会吸引大批热爱美食的人们排队等候。

蒸肠粉

肠粉是广州民间特有的一种小吃，又称“拉肠”，将米浆置于蒸笼中或布上逐张蒸成薄皮，分别放上肉类、鱼片、虾仁等，蒸熟卷成长条，切断上碟。蒸肠粉最负盛名的是“银记”，第一家店坐落在荔湾文昌路，专营豉油皇牛肉肠粉，以薄韧香滑著称。中华人民共和国成立初期由吴银经营，她得名师传授，学会了蒸制拉肠粉的专门技术，其肠粉“白如雪，薄如纸，油光闪亮，香滑可口”。

鲜虾云吞

云吞（北方人称馄饨）和云吞面是深受广州人喜爱的风味小吃。由于此品汤味浓郁，云吞皮薄馅多，蛋面有弹牙之感，因而成为广州人钟爱的美食。其汤料是用虾籽、大地鱼、猪细骨等原料精心煮制；云吞馅则采用鲜猪肉、鲜虾仁、鲜鸡蛋拌制，用碾得薄薄的云吞皮包裹、煮熟。在上下九路、西华路、人民路一带都有很多卖云吞面的小吃店。

上下九猪脚姜

老城区里的猪脚姜是广州传统美食，上下九一带的横街窄巷里有不少售卖猪脚姜的小店。上下九步行街位于老城区西关，东起上下九路，西至第十甫路，横贯宝华路、文昌路，全长1200多米，全路段店铺林立，共有商店300多家，在这里，既可领略到广州传统的商业经营风采，又可体验老西关令人迷恋的民间民俗、岭南建筑文化、岭南饮食文化风情。这条闻名遐迩的商业街，早在明代就已著名。

（2010）

和味萝卜牛杂牛腩

萝卜牛杂牛腩是广州有名的传统小吃，以白萝卜、新鲜牛腩和牛杂，据说要用十三种香料长时间炖制而成。等牛杂焖透了，而萝卜又吸满了加入牛杂味的酱汁后，再剪开小块，用小竹签串着蘸辣椒酱吃，入口回味无穷。在一些繁华的路段如北京路、上下九路等地，萝卜牛腩的清香飘满街。在街上，你常会见到端着碗吃着萝卜牛杂牛腩逛街的人，特别是少男少女们。

和味牛三星汤

牛三星汤里面有牛百叶、牛心、牛肚、牛腰，还有牛双脑。汤底用的是牛腩熬的汤。牛三星汤吃的时候才把牛三星灼熟，然后加入汤底，放上咸酸和韭菜。

文昌北路

婆婆面店。老爸教儿子：衰仔，吃饱不要到处跑，乖乖回家做功课！
（2008）

上下九步行街

小朋友说，阿妈，快走啊！肚子饿了！他妈说，衰仔，别吵，你妈在忙！乖，等下带你去吃银记拉肠啦。
（2012）

珠光市场

天热地辣，卖菜的阿叔都顶不住，要小睡一下。
（2011）

艇仔粥

旧时广州西郊，河道两旁遍植荔枝树，叫作荔枝湾，每逢夏日黄昏，不乏文人雅士及各方游客来此游玩，游河小艇穿梭往来。其中有小艇专门供应“艇仔粥”。如果岸上或另一艇上游客需要，粥艇上的主人便一碗一碗地把粥品递卖过去，很受欢迎。渐渐地，连陆上的小食店也出售这种叫作荔湾艇仔粥的粥品了。

艇仔粥以新鲜的河虾或鱼片作配料，后来还增加了海蜇、炒花生仁、浮皮、葱花、姜丝等，配齐材料当即煮粥滚制，芳香扑鼻，热气腾腾，十分鲜甜。无论在街头食肆，还是白天鹅宾馆那样的五星级酒楼，都可品尝到这种广州特有的粥品。

猪红汤

广东人对猪红（血）颇推崇，认为可以“去尘清肺”，而猪红又不能久煮，所以就只能用滚的方法，配料最妙是用韭菜或大豆芽菜，清爽嫩滑。

砵仔糕

黄糖、黏米粉等混合后，放在一个瓦制的小砵内蒸熟，吃的时候才把砵仔糕从小砵倒出来，以竹签串起来吃。刚蒸好的砵仔糕，暖、滑、香、爽，每个都晶莹剔透，咬下去的口感很弹牙，里面还夹有一些馅料，品种多样，有绿豆、红豆、巧克力、菠萝、椰子、香橙、芒果，马蹄、西米……

炒田螺

田螺与石螺不同，它的特点是壳薄肉厚。与一种叫紫苏的芳香草同炒一镬，便会产生一种香中有辣，辣中带甜的怪味。这怪味，不但广东人喜欢，连外省人、港澳同胞以及外国朋友都十分喜欢，常常在街头小食档（也可在高级宾馆酒楼里），围住小木桌津津有味地品尝紫苏炒田螺。炒时，还可放上辣椒、葱或蒜、豆豉、盐等调味料，使其味道更佳。

广州最好吃的凉拌鱼皮在这里

都说食在广州，但如果初到广州，想找到正宗传统的广州美食，还真不是太容易的事。

来了广州这么多年，因为热爱拍照扫街，几乎把广州每条大街小巷都徒步走遍了，慢慢整理总结出来一条广州西关老城的美食路线，有外地朋友过来的话，会带他们走走这条七弯八拐的线路，路上的每个小吃，都是经过时间磨砺之后，留下来的口碑诚意之作。

这条私家线路，第一站就是陈添记。这家简陋小店，每次路过都必须要去吃上一碟招牌顺德凉拌鱼皮的。

鱼皮这种偏门的食材，不是普通的店家可以驾驭的。淡水鲮鱼或草鱼的皮，往往带着浓厚的土腥味，处理不慎就会黏糊得毫无口感，有些地方处理鱼皮，会沾上面粉酥炸，虽然香酥爽脆，却鱼味尽失，吃多了还容易上火。

就算在广州，能把鱼皮处理得完美的店子，陈添记独此一家。

老板会凌晨三点起床，进货新鲜的草鱼或鲮鱼，鱼不可太大，最好两三斤以下，否则鱼皮厚韧难嚼。鱼放血去鳞后，吸水，用刀揪下鱼皮，再刮干净鱼皮的筋膜（这个极考刀工），放入零下十度的冰水中浸泡良久后鱼皮收缩，再切块放入顺德菜的经典配料，切细的姜丝和葱白，些许香菜，炸得酥脆的花生和白芝麻，切片的蒜瓣，头抽酱油及白糖，最后，以熬热的花生油浇熟之。处理得好的鱼皮，入口毫无腥味，满口鲜甜爽脆，能激发嘴巴里所有的味蕾同时爆发，满是人生的幸福感。再配一碗绵滑的艇仔粥，这时，你才会感觉自己是在广州。

多年前偶遇的陈添记，躲在宝华路的一条小巷子里，店面露天简陋，当时创始人添叔还是每天站在小桌子前收钱，上菜的时候说："请慢用"，客人买单时说"多谢，慢行"。

每次去，都会跟添叔闲聊数句，他有一把鸭公嗓子，声音暗暗哑哑，他悄悄跟我说："后生仔，我看你经常来，我教你，周末来吃鲩鱼皮，那才是正宗。"陈添记平时都是供应鲮鱼皮，只有周末才会供应成本高处理难的鲩鱼皮，那爽脆果然是不同凡响。

从此遵循添叔教导，逢周末一早，就去吃一碟限量版的草鱼皮。

如此数年，添叔突然去世了。

陈添记还是继续开张，添叔的儿子陈二叔，继续做老板。味道还是依旧爽脆的，只是吃草鱼皮的时候，有时会有些想念添叔。每次去，都还会跟老板陈叔闲聊几句，他也是每天早起辛苦剥鱼皮的中年大叔了，问他生意这么好，怎么不多开分店。陈叔说，儿子辈都不想做这个很累的生意了，而且分店也没法保证鱼皮的口感和新鲜，就这样吧。

又过了一阵子，去陈添记吃鱼皮，感觉咸腥软塌，味道大变。甚是诧异，打算拉陈叔来拷问，定睛一看，才发现我走错了店。

陈添记在巷子里面，而在巷口，又开了一家鱼皮店，用高高的遮阳伞挡住了陈添记的招牌。还派了一堆伙计拉客，说来吃正宗鱼皮来吃正宗鱼皮。而真正的陈添记，生意大减，很多慕名而来的外地食客，都被巷口那家新开的鱼皮店骗了去挡了去。常来的人一不小心也会中招。

陈叔很苦闷，投诉工商、城管都没用，没有相关部门管这事。

对此，我只能说，如果要吃广州最好味道的鱼皮，要认准这个地址——宝华路十五甫三巷内进第二家，是小巷里面的那家，不是门口那家！

陈叔没给我钱，吃鱼皮也不给我打折，这个推荐，纯属业界良心。

陈添记

风吹雨打后，陈添记鱼皮成为仅存的几家老字号小吃之一。创办者鸭公嗓子的陈伯已经去世，由长子陈叔继承家业，每天起早贪黑，忙到深夜。陈添记平时只卖鲮鱼皮。我通常会在周末去，点一份只在周六日才供应的鲩鱼皮，陈叔每次都会竖起大拇指说，你是会吃之人！

（2013）

凉茶和糖水：甜苦两重人生滋味

饮凉茶是广州人常年的一个生活习惯。

凉茶，是指将药性寒凉和能消解内热的中草药煎熬作饮料喝，以消除夏季人体内的暑气，或冬日干燥引起的喉咙疼痛等疾患。广州的凉茶历史悠久，凉茶品种甚多，有王老吉凉茶、三虎堂凉茶、黄振龙凉茶、大声公凉茶、石岐凉茶、廿四味凉茶、葫芦茶、健康凉茶、金银菊五花茶、苦瓜干凉茶等，甚至连火麻仁、菊花雪梨茶、红萝卜竹蔗水等，也成为广州人喜爱的传统老牌凉茶。

近年来，更加方便饮用的凉茶冲剂及软包装凉茶也应运而生，如夏桑菊茶等，已成为许多家庭夏季里的一种时尚饮料。

广州人四季喜爱饮糖水，认为将某些药材、豆类、水果等加上糖熬制而成的糖水，有清润消暑、生津益身之功效。糖水品种名目繁多：豆类的有红豆沙、绿豆沙、眉豆沙，糊类的有芝麻糊、杏仁糊、花生糊、凤凰奶糊，药材类的有百合糖水、莲子糖水、清补凉糖水，还有炖蛋、炖木瓜、番薯糖水、麻蓉汤圆、蛋奶、姜汁撞奶、西米露、豆腐花等。糖水煮沸后饮用的为热饮，冷冻后饮用的为冷饮，冷饮又常常与冰室（供应雪糕冰淇淋、汽水、啤酒等的冷饮专门店，如北京路的太平馆美利权冰室）连在一起。

龟苓膏 广州人怕上火，所以吃甜品不能够没有龟苓膏，最好是加着甜甜红豆沙的龟苓膏，红豆沙甜、龟苓苦，相得益彰。广州人自制的龟苓膏呈棕褐色，为膏状，加蜜后显得晶莹，入口甜，回味苦，据说越苦越好，可以清热败火。

椰子雪糕 荔湾区宝华路老店顺记冰室制作的椰子雪糕是驰名远近的西关名牌小食。20 世纪 20 年代由吕顺首创，选用肥厚结实的椰肉作原料，加工成鲜椰丝后榨成椰汁，再配上新鲜的水牛奶和鸡蛋、白糖，独特的制作使雪糕格外软滑可口，椰味浓郁，清甜无比，口感柔顺。

绿豆沙 广州人喜爱的甜品少不了绿豆沙。位于荔湾区西关的老店开记甜品制作的“脱壳香草陈皮绿豆沙”，则以其香滑清甜、清热解暑、别具一格的风味闻名。老板叶健开还因此被人戏称为“豆沙开”。开记绿豆沙选用颜色新鲜、品质优良的绿豆为原料，再加入适量的香草、陈皮，佐以白糖、黄糖调味，以适当的火候熬制，将绿豆煲至起“沙”，去“衣”（脱壳）而成。

双皮奶 这一甜品的名称来自顺德，因当地产水牛奶的质量优良，巧手调制后可成两层奶皮，故名双皮奶。将清晨新挤的水牛奶煮开，趁热倒在碗里。热气会使鲜奶表层结出奶皮，待到牛奶完全冷却之后，再留皮去奶，而后再在倒出的牛奶里添加细糖和蛋白，放到火上去炖，不久就又可以结出一层皮来。把炖好的牛奶倒回原来的碗中，由此形成“双皮奶”。要吃的就是牛奶的香甜之外的另一层滑爽口感。浓郁的香气令双皮奶成了广州人的至爱。炖好后牛奶双层凝固，色洁白，呈膏状，光洁平滑，奶皮不离碗边，风味甜香软滑，营养丰富，具润肺养颜之效。

恩宁路
（2007）

濠畔街的下午

同学们正在玩三国杀。旁边一位大叔突然大吼一声：“你们完了，被拍到聚众赌博！”大伙顿时作鸟兽散。
（2011）

時光映畫
庚子春小林写意

5

千年商都　繁华依旧

在中国的历史上

当内陆的商人用骆驼驮上重重的货物

艰难地穿过沙漠和戈壁在丝绸之路上蹒跚前行

还不断地受到外交和战争打断的时候

在南海之滨的广州

一艘艘满载茶叶、丝绸、陶瓷的大海船早已起航

这一走就是千年

三千年弹指一挥间

相传，在远古时代，广州地区因连年灾害，田地荒芜，农业失收，百姓饥荒。有一天，天空出现五朵祥云，上有五位仙人，身穿红橙黄绿紫五色彩衣，分别骑着五只不同颜色的仙羊，仙羊各口衔一棵一茎六穗的稻子，徐徐降落在这座城市。仙人把稻子赠予百姓，又把五只羊留下，祝愿这里永无饥荒，然后腾空而去。从此，广州地区风调雨顺、物产丰饶，广州也有了“羊城”“穗城”的美称，五羊也成为广州的象征。后来广州的百姓还在惠福西路修建“五仙观”来纪念这五位造福广州的仙人。

由于物产的丰饶和地理位置的优越，广州自古就是南方重要城市和中国最早的对外贸易的港口，中国的海上丝绸之路也是从这里发源。

从秦末的南越国开始，这里已经有海外贸易的痕迹，秦代开始有造船工场，南越王墓里就发现了制造精美的中亚和南亚艺术品，从那时开始，广州一直没有中断过海外贸易。

西关古玩城
（2008）

到了强盛的唐代，广州开始成为世界著名的港口，对外贸易范围扩大到南太平洋和印度洋区域诸国。为了加强对外贸易的管理，朝廷在这里设置了中国最早的外贸机构和海关“市舶使”，总管对外贸易。另外还有“蕃坊”，供外国商人居住，建造于隋代的南海神庙里面还专门为外国商人制作了塑像。文化的交流也开始繁盛，印度来的达摩祖师，坐着船到中国传播佛教，如今下九路的“西来初地”便是印度名僧达摩首登广州的地方。

那时，广州与南海、波斯湾的船舶往来如梭，其中最著名的是当时世界上最长的国际航线：自广州起航到南海、印度洋、波斯湾和非洲东海岸诸国，途经 90 多个国家和地区。

那时侨居广州的外商（主要是阿拉伯人）数以万计，最盛时达 10 万以上。他们信仰伊斯兰教，所以在蕃坊修建了伊斯兰教建筑——怀圣寺。从五代到北宋，广州已成为中国最大的商业城市和通商口岸，对外贸易额占全国 98% 以上。

宋朝和元朝的时候，与广州有贸易往来的国家有 140 多个。以广州为起点的海上丝绸之路已向全球扩展，实现广州与世界的海上运输大循环，当时的意大利旅行家鄂多立克说广州是“一个比威尼斯大三倍的城市，整个意大利都没有这个城的船只多”。

明代，由于政府实行海禁政策，其间广州成为中国海上丝绸之路唯一对外开放的贸易大港，广州海上丝绸之路贸易比唐、宋两代获得更大的发展，形成了空前的全球性大循环贸易。英国人威廉·希克曾发出广州珠江的商船可以与伦敦泰晤士河相媲美的感叹：“珠江上船舶运行忙碌的情景，就像伦敦桥下泰晤士河，不同的是，河面的帆船形式不一，还有大帆船，在外国人眼里再没有比排列着长达几英里的帆船更为壮观的了。”

清代，广州设立“十三行”专门从事对外贸易。清乾隆二十二年（1757年），清政府关闭漳州、宁波、云台山等三处通商口岸，只留广州一口对外贸易长达83年。广州再次成为全国唯一的对外贸易口岸，直到鸦片战争之时，广州的外贸更是空前繁荣。

18世纪初，广州的“海上丝路”进一步延伸到北欧瑞典等国，当时属瑞典东印度公司的“哥德堡号”曾先后三次往返广州，最后一次满载而归哥德堡时，在港口不远处搁浅沉没。2006年瑞典“哥德堡号”仿古船重访广州，一时成为世界关注的盛事。

在中国的历史上，当内陆的商人用骆驼驮上重重的货物，艰难地穿过沙漠和戈壁在丝绸之路上蹒跚前行，还不断地受到外交和战争打断的时候，在南海之滨的广州，一艘艘满载茶叶、丝绸、陶瓷的大海船早已起航，这一走就是千年。

南海神庙波罗鸡

早在2000多年前，广州就成为“海上丝路”的起点之一。全国重点文物保护单位南海神庙（又称波罗庙），是中国古代海外交通贸易史的重要遗址，古代海上“丝绸之路”航船出发的码头，后发展成广州外港，叫扶胥港。清以前，古代中外船舶出入广州，按例都要派员到庙中祭拜，祈求海神保佑，出入平安。

南海神庙始建于隋代，坐落在广州黄埔区庙头村，是我国四大海神庙仅存的一座，也是我国现存规模最大、保存最完整的海神庙。庙在1400多年前建成，是古代帝王祭海的场所，被敬奉的南海神是大名鼎鼎的火神祝融。

传说尧被放逐到南方的儿子朱丹生前是苗族的祖先，死后化为南海神，号“不廷胡余”；后来楚国强大，威慑岭南，于是楚人的始祖祝融就成了南海神。

南海神庙总占地面积3万余平方米，庙宇宏伟深广，是中国著名的海神庙。在“海不扬波”石牌坊内，庙横阔22丈，纵深32丈，主体建筑五进，依次为头门、仪门、礼亭、大殿和后殿。仪门两侧有复廊，大殿前有东西两廊，均为清代以来重建的。南海神被认为是岭南百越的祖先，自隋唐以来一直受朝廷尊崇。历代皇帝都派官员到庙中举行祭典，留下了不少珍贵的碑刻，故神庙又有“南方碑林”之称。庙里历史最悠久的《南海神广利王碑》，由大文学家韩愈手书，它记载了唐朝皇帝册封南海神为“广利王”，希望这个海上保护神广招天下之财来大唐的史料。神庙中还有清康熙御笔亲书的“万里波澄”碑等。

南海神庙内留存的文物除石刻外，还有铜鼓、南海神玉玺、铁钟等。此外，波罗树、红豆树、木棉树等古树名木参天，也为神庙添色不少。最奇的是，南海神庙里有座外国人的神像，其举右手遮眉，作遥望重洋的样子。传说唐朝时有一波罗国来华朝贡使，回程时途经南海神庙，登庙祭拜南海神，并将从古波罗国带来的两颗波罗树种子种于庙中。他因迷恋庙中秀丽景致，流连忘返，误了返航的船只，于是望江悲泣，并将右手举于额前作望海状，后立化于海边。现庙中东复廊有一座达奚司空塑像，俗称“番鬼望波罗”，便是为了纪念当年的波罗国使者。故神庙又称为“波罗庙”。

庙里的浴日亭是自古以来旅游者观看海上日出的好地方，宋代羊城八景之一的“扶胥浴日”即指此处。千百年来，虽海岸线逐渐地南移，浴日亭也变成了一片滩岸，但登上亭所处的岸上，仍可一览山海胜景。亭呈八角形，两级飞檐，翼然如鹰隼展翅。亭内有诗人苏轼《浴日亭》诗碑和明代广东名学者陈白沙步东坡原韵题诗的石刻互相辉映。

宋代以后南海神庙就是珠三角的庙会胜地。每年农历二月十二日至十三日“波罗诞期”，都会举行盛大的庙会活动。至今“波罗诞”仍是广州地区最大的民间民俗庙会，每年吸引珠三角乃至东南亚逾10万人前往。

“波罗诞”上最有特色的是当地村民手工制作的“波罗鸡”，造型精巧，色彩鲜艳，是庙会期间最畅销的民俗工艺品。波罗鸡的制作是用硬纸糊上泥，做成鸡的形状，粘上色彩缤纷的鸡毛，在南海神诞时出售，以纪念远涉重洋来到中国传播友谊的异域人达奚司空。人们到此除虔诚拜祭之外，还会买几只波罗鸡回家，祈求健康，好运气，福气满盈。

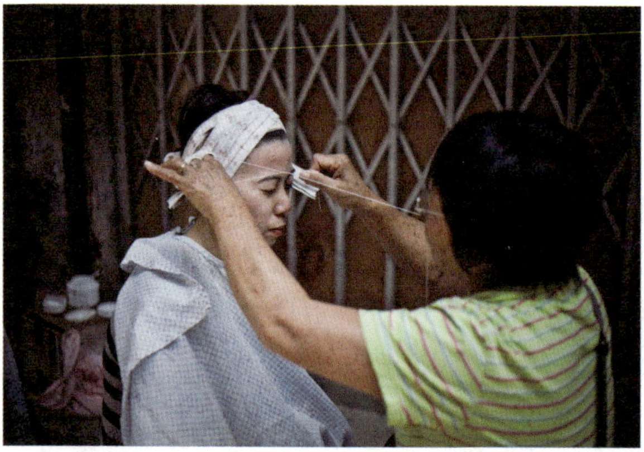

北京路

传统绞面美容
（2010）

西门口地铁口

维吾尔族的小夫妇，不远万里漂泊到了广州街头。他们说，广州好，可以赚到钱回家给儿子读书。就是房东不好，收我们两倍的押金。

（2011）

珠江三塔，让海上探险家们热泪盈眶

赤岗塔
（2022）

作为海上丝绸之路起点，见证了广州这段历史的还有珠江边的三座古塔，即海珠区的琶洲塔、赤岗塔和番禺区的莲花塔，与广州三石——海珠石、海印石、浮丘石一起成为旧时广州的标志。三塔鼎足而立，雄踞珠江入海处，中外来往船舶以此为航海标塔，每当来自遥远海外的商船在经历几个月甚至数年的海上航行，看到三塔时无不激动万分。

莲花塔坐落在番禺莲花山上，因莲花山多砺石，又名“石砺塔”。又因其东西山坡有一块天然狮形岩石，故又称“狮子塔”。建于明代万历四十年（1612 年），原名“文禺塔”。

塔呈八角形，高九层，用青砖砌成。内连暗层共 11 层，层层铺设木楼板。粉墙红柱，绿琉璃瓦，八角攒尖顶，总高约 50 米，造型古雅，工艺精湛。现为广东省文物保护单位。

莲花塔过去有“省会华表”之称，因为从外洋来广州，一望见莲花塔，就知道已进入省城的大门了。登上莲花塔，四面秀丽景色可以尽收眼底。东面大江南流，烟波浩渺，隔江是东莞市；南面，可以隐约望见虎门大桥；东南面是香港的方向；西北面沃野千里，阡陌纵横，远望高楼入雾处，那就是繁华的番禺、广州城的所在了。

琶洲塔位于海珠区新港东路北面，赤岗到新洲之间，现为广东省重点文物保护单位。明万历年间，有阴阳家称珠江口一带地势卑下空虚，灵气不聚，宜修塔以固扶舆之气，于是首先在琵琶洲上建成一座八角九层的风水塔。该塔于明万历二十五年（1597 年）开始兴建，三年后竣工。

塔为八角形楼阁式砖塔。外观 9 层，内分 17 层，高 50 余米。

塔基由花岗岩石块砌成，各面刻有托塔力士浮雕像，都是大眼高鼻的西方人形象，跪状，刻工古朴，是广州罕见的明代石雕。

琶洲即琵琶洲，清代以前是一个江心岛，岛上有两个小山丘状如琵琶，故名。琶洲历史上也曾经是古代著名的海港，叫琶洲港，是广州海上丝绸之路的重要遗址。琶洲塔屹立在小山坡上，充当着导航标的作用。当年若是乘船从珠江口进入广州，必定会看见这座犹如中流砥柱的琶洲塔，所以称它为“琶洲砥柱”，而“琶洲砥柱”后来成为清代的羊城八景之一。琶洲塔引领着满载货物的船只源源不断地进入中国，见证了中外文化的交流与传播。

赤岗塔位于海珠区赤岗五凤村，现为广东省文物保护单位，是广州市明代建筑中较具特色的古塔之一，与琶洲塔、莲花塔并称为“广州明代三塔”。塔始建于明万历四十七年(1619年)，为楼阁式青砖塔，平面为八角形，内膛八角直井式，塔高53.7米，首层直径12.5米，外观9级，内分17层。

塔基八角均镶有16、17世纪时期西方人形象的托塔力士，神态生动，是广州明代石雕佳作，也是研究明代石雕与广州海外贸易的重要实物资料。赤岗塔雄伟高耸，与东邻琶洲塔相呼应，成为珠江经广州出海口的风水双塔。

西关十三行：广州历史上最辉煌的一页

广州一贯有重商的传统，千百年来商贾云集。

回顾广州的商业辉煌，有一个地方无法忽视，那就是十三行。近代历史上我们读到的很多历史名词都与它有关——“闭关锁国”“一口通商”，广州是近代中国最早开放的对外贸易口岸，清朝时，从 1757 年到 1840 年，它是中国唯一对外贸易港口。而十三行就是其中相当重要的一笔，当时外商的活动基本都在十三行。

有人说，十三行的历史，就是广州两千多年历史上最辉煌的一页。

十三行曾是临水而建的一片洋行，相传兴起于明朝后期，主要云集于十三行街一带经营对外贸易。公元 17 世纪，中国当时是世界上最强大的帝国，自满和骄纵的情绪使得当时的大清王朝严格实施闭关锁国政策，规定只允许广州一个港口进行对外贸易，且外国商人不得与其他中国商人发生直接买卖关系，外国商人来华交易，都要找指定的行商作为贸易的经济和代理，这些指定的行商所开设的对外贸易行店，就是"十三行"。

行商们把持了当时的交易。当时的十三行业务非常发达，他们享有对外贸易特权，所有进出口的货物都要经此买卖。中国的茶叶、瓷器、丝绸等，通过他们送往世界各处，而进口的外国的物品，也必须经过他们之手，才能运进国内。十三行承载了晚清时广州几乎所有的商业辉煌，当时十三行素有"金山珠海，天子南库"之称。乾隆初年，它每年上缴的对外贸易关税，除支付军饷、衙役差饷外，还要额外向朝廷上缴 50 多万两白银。外贸造就了富庶的行商，相

外商在广州街市购物（广州十三行博物馆展示图）

传当时的 4 大家族“潘、卢、伍、叶”，已是富可敌国。

十三行是在粤海关设立的第二年，即康熙二十五年（1686 年）5 月建立的，地址就在如今的广州文化公园至海珠南路一带。

十三行的鼎盛时期是清乾隆至嘉庆年间，十三行鼎盛时商行多达几十家，其中以四大巨富——潘绍光、卢观恒、伍秉鉴、叶上林创办的同文行、广力行、怡和行、义成行等最为著名。那时，十三行内外，樯桅林立，彩旗飞扬，人潮熙熙攘攘，一包包的绫罗绸缎、茶叶、瓷器堆积如山。

来十三行交易的有英、法、丹麦、瑞典、荷兰、巴西、俄国、葡萄牙、西班牙和东南亚数十个国家，十三行因而也获得大量的财富，使得当时的西关地区成为广州的政治、经济、文化中心，也是大清帝国对外经济贸易的核心区。

在清代广州十三行商人中，有两个最显赫的家族，潘氏家族和伍氏家族。

潘氏家族创始人是潘绍光，潘家三代以经营丝绸、茶叶为主，财雄势大，数十年中，潘氏家族受到华商绅士拥戴，连续被选任为十三行首领，潘家在珠江南岸有一豪宅，金碧辉煌，古玩、珠翠琳琅满目，潘家经常在宅内大摆筵席，还有能容纳百人的表演剧场。

潘绍光的孙子潘正炜也是个十分有作为的商人，被誉为能诗、能文、能画的“三绝清才”。

1842年，法国巴黎一家杂志社报道，潘正炜的财产总额超过1亿法郎。当年，英军勒索广州当局缴交赎城费，潘正炜捐白银64万两，鸦片战争期间，在英军即将进入广州，面临城毁国亡的紧急关头，潘正炜又带动捐资28万两白银，联合十三行富商，购买战舰一艘，作为海上防御之用。

伍氏家族发迹稍迟于潘家，但后来居上，创始人伍秉鉴在十三行经营怡和行，他不仅是广州首屈一指的富商，而且还是世界上少有的富翁之一。1834年，伍秉鉴拥有资产2600万银圆，而当时清政府的国库存款不过才700万银圆，美国《华尔街时报》称他是“世界上最大的商业资产，天下第一富翁”。

伍秉鉴在当年西方商界享有极高的知名度。当时的欧洲对茶叶质量十分挑剔，而凡是装箱后盖有伍家戳记的茶叶，在国际市场上就能卖得出高价。

在产业经营方面，伍秉鉴不但在国内拥有地产、房产、茶园、店铺等，而且大胆地在大洋彼岸的美国进行铁路投资、证券交易，并涉足保险业务等领域，使怡和行成为一个名副其实的跨国财团。

伍秉鉴还因其慷慨而声名远播海外。据说，曾有一个美国波士顿商人和伍秉鉴合作经营一宗生意，由于经营不善，欠了伍秉鉴7.2万美元的债务，但他一直没有能力偿还这笔欠款，所以也无法回到美国。伍秉鉴听说后，马上叫人把借据拿出来，当着波士顿商人的面把借据撕碎，宣布账目结清。从此，伍秉鉴的名字享誉美国，被传扬了半个世纪之久。一个多世纪后，《华尔街日报》统计1000年来世界上最富有的50个人，其中有8名中国人入选，伍秉鉴就是其中之一。

西洋画上的十三行景象

然而，因为近代中国的闭关自守，对于庞大的国家而言，仅有广州一个通商口岸是远远不够的，政治、经济、文化上的故步自封，导致当时中国国力日渐衰弱，外忧内患纷至沓来，使得中国资本经营的萌芽受到了崩溃性的打击，十三行在其中也不能幸免。

十三行的衰落始于清道光元年（1821年），英国资产阶级为扭转中英贸易逆差，牟取更多的利润，向中国倾销鸦片，清政府不得不责令查禁鸦片，要求十三行的行商每年进贡几十万以至上百万两白银，至于连年加派的助军钱、救灾钱更是不计其数，迫使他们不断捐款。

道光六年（1826年），清政府就一次向十三行抽取了80万两白银的“助军费”。1842年，清政府为偿还《南京条约》规定的300万两白银的债务，伍秉鉴就出了110万两。伍秉鉴当时已经是世界级的富豪了，还得经常夹在官府和洋商中受气。而且由于海关直接统治十三行，海关官员的勒索也是名目繁多，商人想要加入或者退出十三行，都必须用巨款贿赂海关官员才能获准。

十三行衰落得很快，道光二十年（1840 年），行商光是欠外商的银子就达几百万两，行商中不断有人陷入困境，有的艰难辗转于破产和死亡线上，连老家的产业也被抄光一空，行商本人或坐牢或被发配边疆，但欠下的款项仍要其余的商行偿还。

1840 年，第一次鸦片战争爆发，英国的炮舰轰开了清朝闭关锁国的大门，战败的清政府被迫与英国签订了《南京条约》，广州的一口通商和十三行的垄断特权都被取消了。

1856 年，在第二次鸦片战争的滚滚硝烟中，愤怒的广州民众焚烧了外国商人居住的夷馆，十三行也在这场大火中化为灰烬，据说大火整整烧了两天两夜，被火烧至熔化的白银流满了珠江北岸。

19 世纪的那场大火过后，十三行的地理遗存或许就只剩下那条叫做“十三行路”的小街了，但十三行时期达到辉煌的商业气息，却一路保存了下来。到 20 世纪 90 年代，十三行路一带，已被一片服装批发市场所取代。

十三行旧址的区域范围包括，北到十三行街，即现在的十三行路；南到珠江边，现在的文化公园前；东到西濠，今仁济路一带；西到联兴街，杉木栏路的一段，在这块小小的区域内，行商们创造了富可敌国的财富，也造就了广州的商业辉煌。

现在所指的十三行范围，包括十三行路和杉木栏路的东段，以及与之垂直相交的故衣街、豆栏上街、和平东路、打石街、装帽街、长乐街、兴隆北街、桨栏路，总长度约为 1785 米，挤满了各式各样的服装批发档口，是广州历史最长的服装贸易集散地。

原先的商行所在地，是人群爆满的

服装批发市场，外国人夷馆的原址，修建了现在的文化公园，园内有开阔安静的土地，与外界的喧嚣用一道围墙隔开，据说文化公园里的“汉城”是先前的美国花园的旧址。十三行博物馆也建在文化公园里面。

十三行街道入口处竖立着一组雕像，其中一个展现的是洋人与中国商人谈判的情景，洋人右手持烟斗，左手竖起三只手指，另一身披阔袍大褂的中国商人手抚长须，桌上放了一把算盘，再现当年的景象。

如今，行走在十三行，随处，随时，可见成包的服装被大大小小的货车运进运出，其繁忙较以往有过之而无不及。以十三行路为中心，故衣街、豆栏上街、和平东路、打石街、装帽街、长乐街、兴隆北街服装市场环绕成的物流商业圈，已经成为广州历史最长的服装批发集散地。

早上六点开档，下午两三点就开始收档，这里每天进出货物上千吨，人流量10多万人次，商业辐射到世界各地，十三行依旧做很多外国人的生意，在手推车和汹涌的人潮中艰难穿行，不时擦肩而过的就有白色的、黑色的面孔，讲着各种各样的语言。

那些曾经光鲜亮丽的洋气骑楼，如今已经有些落寞，几乎很少再有住家在其中，多数都成了附近商铺的仓库。因为太过拥挤，十三行路上还专门开辟过手拉车通道，但行人、手拉车、货车还是常常把街道塞得水泄不通，严重影响周边的交通和环境。

十三行的名号实在太响，常有外地甚至国外的朋友来广州要求去寻访十三行，批发市场的景象让人又兴奋又有些失望。曾经有人建议将十三行路的批发市场迁出，改建成旅游商业街，但难度可想而知。

十三行路

曾经的辉煌往事已经灰飞烟灭，只余下平凡的一条小街。
（2006）

沙面的夕阳

沙面是珠江上的一座沙洲小岛，晚清时被划为外国租界，陆续设有英、法、美、德、日、意、荷、葡等领事馆及银行、洋行。岛上有150多座欧洲风格建筑，其中有42座特色突出的新巴洛克式、仿哥特式、券廊式、新古典式及中西合璧风格建筑，是广州最具异国情调的欧洲建筑群。沙面的老建筑旁有不少树龄在百年以上的老榕和巨樟树，安静恬淡，富有浪漫气息。（2008）

沙面的欧陆时光平静如昔

十三行旧址的西边就是沙面。

在十三行的繁华和财富消散之后，成为新的历史焦点的是——沙面。沙面是珠江冲积成的一个沙洲。旧时名叫“拾翠洲”。第二次鸦片战争中，十三行和夷馆被烧毁，再难重建，西方列强把目光投向了十三行西侧的这片沙洲。

第二次鸦片战争时期，1857 年英法联军攻陷广州，后又进攻大沽口，迫使清政府签订了《天津条约》。清咸丰九年（1859 年）清政府被迫同意在珠江中流沙临江一面供英、法建立租界。两年后，即 1861 年又签署了《沙面租界协定》。“沙面”的名称就是取中流沙“滨海一面”的意思。当时，法租界在东占五分之一，英租界在西占五分之四。沙面被英法强租之后，

沙面的午后时光
（2009）

将中流沙辟为两部分，凿涌（沙面涌）筑基（今六二三路）将岛与城区分隔开来，炮台被拆毁，原来在此居住的中国人被赶走，沙面从此变成“华人与狗，不得入内”的英法侵略者的乐园，白鹅潭也成了他们的军舰和商船自由航行的专用港湾。

1859 年，沙面沦为英法租界后，便陆续设有英、法、美、德、日、意、荷、葡等领事馆及银行、洋行。从19世纪末到20世纪初，沙面租界内的公共设施已基本完备，建筑主要有领事馆、教堂、银行、邮局、电报局、商行、医院、酒店和住宅，另外还有俱乐部、酒吧、网球场和游泳场等，其住户多是各国领事馆、银行、洋行的人员以及外籍的税务官和传教士。沙面岛上有150多座欧洲风格建筑，其中有42座特色突出的新巴洛克式、仿哥特式、券廊式、新古典式及中西合璧风格建筑，是广州最具异国情调的欧洲建筑群。

沙面大街2号、4号、6号的楼房，俗称“红楼”，原是海关洋员华员俱乐部，高三层，红砖砌筑，南面和北面建有尖顶阁楼，仿19世纪英国浪漫主义建筑风格；沙面大街54号的建筑，原是汇丰银行，仿西方新古典主义建筑风格，高四层，二层的外墙砌有通柱到三层顶，在西南面楼顶建有穹隆顶的亭子；沙面大街48号的楼房，是最具代表性的券廊式建筑，高三层，钢筋混凝土结构，四周的走廊均为券拱形，外墙刷水洗石米；沙面大街14号的天主教露德圣母堂，规模虽小，结构简单，但在其入口处仍然为仿哥特式建筑风格。

1945年抗日战争胜利后，沙面回到了中国人民的手中。1959年，周恩来总理视察沙面时便指示要妥善安排、保护旧貌，作为半殖民地半封建社会的历史见证，并可开放为旅游区供游人参观。由于沙面的西方古典主义建筑群颇具特色，被评为国家级重点文物保护单位。

沙面的老建筑旁有不少树龄在百年以上的老榕树和巨大樟树，沙面的古树和西洋建筑群是一个不可分的整体，正是那苍翠欲滴的古树、曳地长须的老榕，弥散着幽香阵阵的巨樟，才使一栋栋坐落在浓荫掩映中的欧陆建筑格外气派豪华，才让人体味到一种恬静闲适。根据广州市林业部门在 2022 年统计的古树名木数量，沙面在册的古树有 137 棵，最老的古树树龄已达到 337 年以上。

沙面街道上的路灯、石像、凉亭、花圃、木椅和喷水池都是西式的，漫步在沙面，感觉已经置身于欧陆的街区之中。在这些气派奢华的欧派建筑中，人们过着恬淡闲适的生活。青年男女悠闲地逛街，母亲轻推婴儿车漫步在绿树中，情侣们坐在木椅上甜蜜私语，许多拍摄婚纱照的市民随处选景……沙面仿佛隔世的逍遥乐土，让人体味到一种矜贵的浪漫风情。

沙面有始建于 1877 年的沙面网球场，还有为国家培养游泳健将的沙面游泳馆。沙面的西餐厅也是品尝正宗西餐的好去处。这里有着与广州其他地方不同的氛围和生活节奏，由于岛上实行交通管制，因此没有交通拥堵、废气污染的问题。像某些欧洲的小城一样，这里有许多家咖啡馆、餐厅。沙面岛上还有一座小小的沙面公园，是广州市民爱去从事休闲体育文娱活动的地方，经常可在岸边听到“私伙局”的粤曲小调。夜晚的沙面，在柔和的灯光下，欧陆古建筑群更显得格外宁静，面临珠江的小酒吧更是风情万种，夜色璀璨，水光灯影。

最有广州气质的地方：一德路

北京是城，政治、经济、文化的中心；天津为卫，拱护京城之地；武汉为镇，大军驻扎的兵家必争之地；上海为埠，往来出入的码头；广州为市，千年来商贾云集，做买卖的好地方。

如果非要在广州城里，挑选最能代表城市气质的一条路，必定首选一德路。这是一条充满喜怒哀乐，机锋狡诈，潮起潮落无数商业故事的街道。

一德路在广州城区中部，东西向。东接海珠广场，西连人民南路。明、清时代这里曾有“一德学社”，出自宋·杨时《河南程氏粹言·论道篇》的“一德立而百善从之”，街道因此得名。

一德路的历史，和十三行的历史息息相关。

毗邻十三行的一德路，曾经是广州城的南城墙和十三行庞大的货物仓库所在地，却慢慢发展起来，成为一条广州乃至全世界著名的商贸街道。

一德路上曾有两广总督的府邸。第二次鸦片战争中，“总督办公大楼”遭到英法联军的炮轰。之后，法国人在废墟上修建了教堂，颇有些羞辱之意。教堂名“圣心大教堂”，俗称“石室”，是中国最大的哥特式教堂。在随后拆城墙新辟的一德路上，诞生了广州最具规模的专业街。

民国初年，一德路东起石室路口，西至海珠路口的咸鱼、海味、凉果、副食贸易经营已很发达，行栈、货仓毗邻，有大小市场 10 多个，再加上沿街摆卖的小贩，不宽的一德路拥挤异常。日军占领广州期间，日本人也在一德路 315 号开设了振裕洋行，干起贩卖东洋咸鱼海味的行当。1946 年，一德中路甚至还诞生了广州市的咸鱼商业协会，可见咸鱼业在当时的重要地位。

如今，一德路的玩具、干果、海味干货以及工艺品年销售额巨大。

一德路不长，只有 1000 多米的街上，却密密麻麻挤着

200 多间商铺、5 个大型室内批发市场，各类海味干货、食杂品种店铺 1600 多个。

一德路一带的大街小巷里，有着众多的家庭式小店铺，那一间间小小的店面，却有很大的成交量。据业内人士透露，这条街的成交额每年可达数十亿元，这个数字，在全国的食杂专业街中名列前矛。市场每间档口虽然小到只有三、四平方米，但那只是推销公司产品的样品点，真正大笔的交易则在仓库里进行。

这里的商铺经营着广州 70% 的海味干货批发业务，尤其是春节前的一个月是海味干货市场的旺季，销售额占全年的 3 成。整个市场汇集了全国东南西北中的副食品和杂货，上至千元 500 克的澳洲海虎翅、渤海大连鲍鱼，下至几元乃至十元的华中粉丝、华南莲子、西北黄花菜、西南支竹……广州人爱说，一德路山珍海味应有尽有，要买高档的海味干货，“一德”有；买便宜家常干货，“一德”也有。一德路已成为闻名全国的海味干货专业街，大量海味、干果摊档竞争激烈，质量、价格都比大商店或产地便宜。据说连香港主妇也组成“师奶旅游团”到这里购买。

一德路文具的兴起无疑借了海味干货的旺气。首家大型精品文具市场的开张，就是看中一德路这块商业旺地人流量大，交通方便。

一德路

圣心大教堂。一德路是广州历史上有名的“海味干货一条街”，也是闻名全国的海味干货专业街。一德路东起海珠广场，西至海珠南路，是春节前的一个月是海味干货市场的旺季，整条一德路车水马龙，是广州最有市井气息的一条街道。一德路的骑楼建筑广州最早，是具备岭南文化特色的街道建筑。位于一德路上的石室大教堂，是天主教广州教区最宏伟、最具特色的一座大教堂，也是全国唯一一座由纯花岗石砌造的哥特式教堂，更是国内最大的哥特式建筑物。

（2006）

人民南路状元坊

被妈妈带来逛街的小妹妹。
这里曾经是至 in 至潮饰物玩物的聚集地，每天挤满少男少女和“装嫩”的叔叔阿姨。
（2011）

中国第一展——广交会

“广交世界，互利天下”，广州作为两千多年长盛不衰的国际商贸城市，自秦汉时期起，就已经是当时世界上著名的通商港口城市，汇聚了来自五湖四海的人。而广交会就是广州作为世界商都的延续，书写着商业的辉煌。

广交会又称中国出口商品交易会，创办于1957年春季，之后每年春秋两季在广州举办。广交会是中国目前历史最长、层次最高、规模最大、商品种类最全、到会客商最多、成交效果最好的综合性国际贸易盛会，被称为“中国第一展”。其成交额占全国出口贸易的三分之一，在促进中国对外贸易发展中起到了重要作用，在国际国内具有广泛的影响。广交会被业界视为中国对外开放的重要窗口和中国外贸的“风向标”“晴雨表”。

回首当年，广交会冲破封锁，为新中国开辟了一条对外交往的通道。首届交易会于1957年春在原中苏友好大厦举办，展馆面积1.8万平方米，参展交易团13个，参展商品1.2万余种，来自19个国家和地区的客商共1223人次到会洽谈，成交 1754 万美元。从有交易会的那一天起，这里就注定会人潮涌动，展馆一建再建，展位仍旧供不应求。20 世纪 80 年代后的第 80 届、90 届交易会前，展馆都经过了大规模改造。此后广交会数迁其址，1974 年 4 月流花路展馆建成。

2003 年秋，广交会在新落成的广州国际会展中心（一期工程）设立分馆试运行。2004 年 3 月，广州国际会展中心经营权移交中国对外贸易中心，成为广交会琶洲展馆。同年春交会，琶洲展馆全面启用，与流花路展馆同时分期办展。交易会又向新的城市腹地伸出了坚实的臂膀。广交会经历了中国经济发展的风风雨雨一直没有中断过，尤其改革开放以来，中国全方位对外开放，广交会的使命一脉相承，通向世界之路越走越宽。

2006 年 10 月 15 日，在百届广交会开幕式上，时任中国国务院总理温家宝隆重宣布把“中国出口商品交易会”改名为“中国进出口商品交易会”，一个字的修改，给广交会带来了更广阔的发展空间和再次腾飞的契机。

如今，中国稳居全球第二大经济体，中国制造产业升级蹄疾步稳，广交会是展现“中国制造”品牌魅力的重要窗口。2023 年 10 月，第 134 届广交会在广州琶洲展馆举行，届时国内外参展商、全球采购客商云集广州，合作共赢，为全球贸易发展增添新活力。

改革开放是这个城市的精魂

广州，给国人留下的最深印象就是改革开放。

40 多年前，中国实行改革开放重新打开了古老的门户，广东作为在中国这一进程中先行一步的前沿地开始举世瞩目，对于有着千年海上丝绸之路和中国近代革命策源地的广州而言，更是如鱼得水，驾轻就熟。广州城市性格里面的自由开放、宽厚包容发挥得淋漓尽致。

一批批外资外商涌入了，广州人无比欢迎；“东南西北中，发财到广东”，大批外地精英和商人也蜂拥而至，广州人更是由衷地喜欢。广州人从来就不会担心自己的饭碗被人抢走，在古老商都的城市里，人们自立自强，用自己勤劳智慧的双手打开新天地。

广州的经济开始了新的腾飞，短短40多年时间，广州经济总量不断创造新的纪录，城市建设也发生了翻天覆地的变化，广州人的日子是越来越好。

来广州不能不看繁华的现代都市景观。作为中国南方名城，广州处处高楼耸立，商业繁荣。珠江新城CBD鳞次栉比的写字楼和豪华酒店、天河路商圈车水马龙的忙碌和川流不息的人群、天河北林立的摩天大厦、雨后春笋般崛起的新经济开发区、如巨帆起航的琶洲会展中心和白云国际机场，都值得看看，细细体味。

关于改革开放，有两首歌，一首叫《春天的故事》，另一首叫《走进新时代》。这两首歌随着改革开放的春风，从珠江的下游吹向大江南北，吹遍神州大地。

室雅人和

6

这里盛产文化

广州漫长的历史，悠远的古风

逐渐形成了淳厚多元的岭南文化

在这片南方的福地上

人们安居乐业，休养生息

这里山明水秀，风光旖旎

气候温和，鸟语花香

兼容并蓄的文化习惯散发着迷人的魅力

百越楚庭　汉唐明珠

提起广州，多数人都会想到是经济繁荣和现代化，而广州作为一座历史文化名城却鲜为人知。

广州古称“楚庭”，据史书记载，早在公元前9世纪的周朝，生活在这里的“百越之族”就和长江流域的楚国人来往甚密，当地人以“楚庭”来纪念这种友谊，这是广州最早的名字。现在越秀山上立有一座“古之楚庭”的牌坊，就是纪念这段往事。

据历史所载，广州的建城历史可以上溯到公元前220多年前。古时广东地区被称为“百越”，早在6000多年前已经有人类活动痕迹。秦始皇统一全国的进程中，遭到岭南的越人的激烈抵抗，前后三次进军都由于路远后勤补给困难的原因没有取得胜利。后来秦始皇遣10万民夫建造了连通漓江与湘江的灵渠，使水路运输便利而取得了对百越战争的胜利。公元前214年，秦始皇任命任嚣为南海尉，并修筑番禺城，位于今日的广州市仓边路附近，这是广州城的前身，今天的仓边路周边是南越国宫署和御花园遗址。随后赵佗继任南海尉，到秦末，天下群起反对秦朝的暴政，赵佗趁势建立南越国，自称南越武帝，再次扩建了番禺城。今天解放北路西汉南越王墓和应元路的越王井真实地记录了这段往事。

公元前112年，汉武帝派伏波将军路博德、楼船将军杨仆等，率领大军，出师岭南，灭南越国，再置南海郡，郡治仍设在番禺。三国吴黄武五年（226年）划交州东部为广州，番禺为广州所管辖，自此，广州之名正式出现了。在世界历史名城中，除古罗马、雅典等少数几个城市外，巴黎、伦敦、莫斯科等均比广州年轻。

广州历史上曾经成为三个朝代的首都，秦末的南越国、五代时期的南汉，还有明末清初的“南明小朝廷”。明灭后南方义军拥朱元璋第23子唐王朱桱的八世孙朱聿鐭在广州称帝，清兵攻破广州朱聿鐭被俘，在位仅40天。

2200多年来，广州一直是中国华南政治、经济和文化的中心。远在春秋战国时期，广州已经以盛产珍珠、犀角、玳瑁、象牙等热带珍贵特产而著名，有丰富的自然物产资源为工商业发展提供了有利的条件。汉代，番禺的纺织、食品加工、陶瓷等工商业已经相当发达，有“金山林海，天子南库”之誉。《史记》说：“番禺亦一都会也”，司马迁把番禺列为当时全国的九大都会之一。两晋南北朝时，由于北方人口再次大量南迁，又促进了这里的生产发展。东晋时“大开鼓铸”，使广州历史上第一次出现了冶铁业。南朝刘宋时生产出“薄如蝉翅”的葛布，一幅 24 米长的布，卷起来可装入竹筒，被誉为“入筒细布”。唐宋时期，酿酒、制陶、冶炼等技术有了进一步发展。明清两朝，广州附近的佛山镇是全国闻名的铜铁冶炼中心，制造的钢铁器具远销岭北和海外。

广州漫长的历史，悠远的古风，逐渐形成了淳厚多元的岭南文化，在这片南方的福地上，人们安居乐业，休养生息。这里山明水秀，风光旖旎，气候温和，鸟语花香，兼容并蓄的文化习惯散发着迷人的魅力。

南越王墓里埋藏千年的秘密

要了解广州几千年的建城历史，遥望古时南越王朝的往事细节，最好的去处莫过于位于越秀山公园西面的象岗山上的西汉南越王墓了。

南越王墓的发现被称为近年来我国五大考古新发现之一。它的被发现起因于经济建设，也算是考古发现历史上一次奇特的遭遇。1983 年，据说本来准备推平象岗山的山尖，在这个闹市的中心地区建造五星级的“中国大酒店”，当地基挖到 17 米时突然遇到无数大石板，石板掀开露出一条神秘的通道。于是中国大酒店改址到了旁边，无数文物专家纷纷赶来了，再挖下去，埋藏了 2100 多年的第二代南越王赵眜墓以及无数珍宝现身了。

公元前 214 年秦始皇统一中国，任命任嚣为南海尉，设郡治于番禺，并建城。秦末汉初。赵佗继任南海尉，他乘中原战乱，据地自立，建立南越国，自称南越王。赵眜是赵佗之孙，自称文帝，公元前 137—公元前 122 年赵眜在位期间自称“南越文帝”，死后谥曰“南越文王”。他体弱多病，性格内向，在位 16 年，贪图享乐，碌碌无为，没什么建树，倒是把自己的墓修得非常豪华，里面的随葬品多达 1000 多件，陪葬的夫人有 4 位，还有许多殉葬的仆人、牲畜等。

南越王墓是迄今为止岭南地区发现年代最早、规模最大、陪葬物最丰富的汉初古墓，也是唯一一座全用石块砌建而成的、首次出现壁画的彩绘石室墓。墓中出土文物尤以铜器和陶器最具南方越族文化特色，有青铜编钟乐器 3 套，铜鼎 36 个，铜镜 36 面，以及金印 3 枚（广州市汉代考古至今发现西汉时期金印仅有 4 枚），出土雕镂精美的各种玉器 240 多件，堪称汉代玉器之大观。墓主身穿的玉衣殓装已复原，它是我国目前发现完整的西汉玉衣中年代最早又是唯一的“丝缕玉衣”。墓中出土蓝色平板玻璃、世界第一套套色印花铜版模、非洲象牙等，都是一批有意义的稀世珍品。南越王墓出土的文物被誉为“岭南文化之光”和“国宝”。发掘后，墓室就地保护，并在其旁边辟建了占地 1.4 万平方米的西汉南越王墓博物馆。博物馆以深红色为主色调，以古墓为中心，结合陡坡和山冈的地形，依山建筑，拾级而上，将综合陈列楼、古墓原址和主体陈列楼三个不同序列的空间，连接成上下沟通的、步步登高的一个整体，突出了古墓博物馆的群体气派。设计既富有岭南传统气息又富于现代感，气势恢宏，是世界 80 个著名博物馆之一。

龙津路

从家里走去上班，只要十分钟，却可能要走一辈子。
（2013）

光塔与石室，
在广州落地生根的宗教文化

广州的传统文化里最重要的一部分是一直自信而包容地对待不同的文明，友好地接纳五湖四海的来宾，远至唐朝的时候，广州城西设立番坊，专供外国人（主要是阿拉伯人和波斯人）居住，并设立番坊司和坊长进行管理。历史记载当时外国侨民十几万人，占到广州人口的 30% 以上，俨然一个国际化大都市。

伴随而来的，是西方的文化和宗教信仰。对于中国而言，世界三大宗教的传入，广州往往是这些宗教到达中国的登陆地，对各大宗教在中国的传播起着至关重要的作用。同时，各大宗教在此和平相处，都扎根生长并本土化。

南朝时，天竺高僧菩提达摩到广州传播禅学，是为禅宗初祖。而后来，六祖惠能也是在广州剃度，把中国禅宗发扬光大。广州怀圣寺是中国最早的清真寺，圣心大教堂是中国唯一的花岗岩教堂，还有道教独具特色的三元宫、仁威庙，等等。因此，四大宗教在广州和谐相处，广州在每个宗教的传播过程中都有独特地位。

怀圣寺位于光塔路，是伊斯兰教传入中国最早兴建的清真寺，又称光塔寺、怀圣光塔寺。怀圣寺与扬州仙鹤寺、泉州麒麟寺、杭州凤凰寺合称“中国伊斯兰教四大古寺”。寺名来源根据古籍记载，怀圣寺为“回教之祖，名贵圣穆罕默德，寺号怀圣，怀念贵圣也”。寺里现存有 40 多方元代至民国时期的中文、阿拉伯文碑匾。

相传唐高祖武德年间（618—626 年），伊斯兰教创始人穆罕默德曾派门徒 4 人来华传教。其中的艾比·宛葛素于唐贞观初年从波斯湾到达广州，建造了怀圣寺。怀圣寺于 627 年建造，至今已有 1300 多年历史。

入门围墙上塑有“怀圣遗基”4 个大字，墙旁山门门额有用阿拉伯文书的“清真寺”3 个字，全寺占地 2966 平方米，怀圣寺布局紧凑而错落有致，造型庄严肃穆，比例、色彩、装饰都是典型的西亚风格。寺的整体采用中国轴体对称布局，层层深入，逐步展开。入寺需经过由甬道相连的三门——头门门额用阿拉伯文书“清真寺”，二门门额书“怀圣寺”，三门门额书“教宗西域”。三门后面为看月楼，楼后是近代重建的钢筋混凝土框架绿琉璃瓦的礼拜殿，殿坐西朝东，礼拜时面向圣地麦加。殿后为收藏各种版本《古兰经》等的藏经阁，及 1988 年重建的供教徒做礼拜前沐浴的水房。礼拜殿的东西侧各建一相对四方亭，看月楼两旁有廊庑相接，其中东廊有碑刻 10 余件。寺内西南角，矗立着著名的光塔。

光塔原名宣礼塔，世间称为“番塔”，清代后普遍称其为“光塔”。因有此塔，寺亦称“光塔寺”，塔反而比寺有名。光塔酷似一座灯塔造型，圆柱形，青砖砌筑，外表以蚬壳灰抹面。相传是唐宋时期阿拉伯人的建筑。这座高 36.3 米的塔，顶尖装有金鸡指示风向，古代每年五六月间，阿拉伯海船乘季风到广州，教徒常登塔以祈风讯。这里既是教徒祈祷之所，也是外来船舶导航的航标。

光塔是海上丝绸之路的重要实证。唐代光塔面临珠江，光塔可以为船舶指示照明，还可以指示风向。中华人民共和国成立后屡经修葺，基本保持了原有建筑风格。

光塔路怀圣寺

教练说，用心点，打好点，让叔叔帮你拍张漂亮照片。
(2009)

圣心大教堂位于广州市区中心的一德路，是天主教广州教区最宏伟、最具特色的一座大教堂，是全国唯一一座由纯花岗石砌造的哥特式教堂，也是国内最大的哥特式建筑物。

“石室”的建筑格局酷似法国的巴黎圣母院，由法国天主教普行劝善会兴建，清同治二年（1863 年）奠基，光绪十四年（1888 年）竣工，历时 25 年。由于教堂的全部墙壁和柱子都是用花岗岩石砌造，所以又称之为“石室”或“石室耶稣圣心堂” “石室天主堂”，是全国重点文物保护单位。

教堂建筑总面积为 2754 平方米，东西宽 35 米，南北长 78.69 米，由地面到塔尖高 58.5 米。教堂属哥特式建筑。教堂正面是一对巍峨高耸的双尖石塔，高插云霄。石塔中间西侧是一座大时钟，东侧是一座大钟楼，内有四具从法国运来的大铜钟；堂内是尖形肋骨高叉的拱形穹窿；大门和四壁彩色玻璃花窗的图案及光线效果形成浓厚的宗教色彩。现为广东省、广州市天主教爱国会所在地。石室天主堂周围，一年四季树木常青，鲜花簇拥，五彩缤纷。石室天主堂是许多世界各地的游人尤其天主教徒每到广州必游的景点。

一德路，圣心大教堂

(2009)

一德路旁的小巷

圣诞节平安夜，去拍完圣心大教堂狂欢的少男少女，回时走过僻静的小巷。蔬果店的老板，还在为他的生计奔忙。

(2013)

西门口

老伯在找人修他的电视机。旁边的大叔说，刘伯！你这个都是古董啦！买个新的啦！刘伯说，要修要修，看了几十年，都看惯了，不伤眼。

(2012)

光孝寺下六祖南来

借话说："未有羊城，先有光孝。"光孝寺坐落于光孝路，是广州市四大丛林之一，其始建年代距今 1700 多年，是广州市历史最悠久、占地面积最大的佛教寺庙，现为全国重点文物保护单位。

光孝寺原是西汉南越王赵佗的孙子赵建德的府邸。东吴时期，虞翻到广州时曾在此处建寺讲学，后捐作庙宇。光孝寺的历史就是一部西域佛教传播到中国的历史。南朝时期的梁朝大兴佛教，许多从印度东来的高僧纷纷通过海上航运从广州进入中国，他们在这里停留，翻译佛经，传播佛教。

南朝梁天监元年 (502 年)，印度和尚智药三藏来此讲演经法，还把带来的菩提树植于寺内。相传从此菩提树开始在中国扎下了根，全国的菩提树都是从光孝寺引种出去的。梁普通八年(527年)，著名的菩提达摩携带释迦的衣钵到达广州，在此登陆并开始在中国传授禅宗学说的历程，后来他的第五代弟子禅宗南宗创始人六祖惠能重回这里，并在寺内菩提树下剃度。还有陈朝时西印度僧人波罗陀在寺内译经 40 部；唐朝时西域僧人般刺密谛三藏于此译《楞严经》，相国房融并为之笔授。这一切都在中外文化交往史上留下可贵动人的篇章。

光孝寺作为岭南第一座佛寺和岭南佛教的传播地，在中国佛教禅宗发展史上留下了重要的地位，还有一个重要因素是禅宗六祖惠能曾在此地做过著名的“风幡论辩”而名声威震佛门。他在此削发，成为佛教禅宗南派的领袖。

相传六祖惠能从五祖弘忍那里继承了衣钵（袈裟）后遭到神秀妒忌，被迫害追杀。惠能为避祸一路南下，回到新兴故乡隐姓埋名 16 年。直到唐高宗上元三年 (676 年)，惠能听说广州光孝寺来了大法师印宗，遂来到这里。

有一天夜晚，印宗法师正在讲经，惠能悄悄地去听。忽然吹来一阵大风，悬挂在大殿的佛幡被吹得左右摇动，弟子们议论纷纷。有的说：“幡是无情物，是风在动。”有的说：“明明是幡动，这哪里是风动？”一时间双方各执一词。惠能在旁

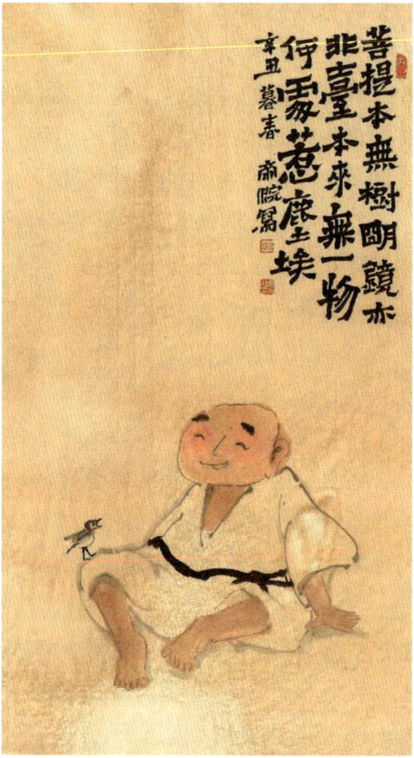

菩提本无树，明镜亦非台。
本来无一物，何处惹尘埃。

——唐 · 惠能

边听着，觉双方未能识自本心，便说："不是风动，也非幡动，而是人的心在动。如果仁者的心不动，风也不动，幡也不动了。"在座的人一听，无不感到震惊。印宗法师见惠能语出不凡，便邀请他入室详细询问。惠能将珍藏了 16 年的袈裟和圣钵出示，印宗这才知道，原来惠能就是人们追寻了 16 年的六祖。那天是正月初八。

正月十五元宵节，印宗法师在光孝寺大雄宝殿后面的一棵菩提树下，给惠能削发受戒，在场的有当时国内的十大高僧。后来人们在惠能的头发埋地处盖塔，名叫"瘗发塔"。

从此，惠能便成为佛教禅宗的六祖，即第六代的宗师，光孝寺因此而名扬天下。

光孝寺的匾额"光孝禅寺"是明成化十八年（1482 年）宪宗朱见深赐的。建筑群中以大雄宝殿最为宏伟，现存的建筑是清顺治年间重修的，具有唐宋风格。大殿右侧为供奉护法神之伽蓝殿，南朝时达摩开凿的洗钵泉，左侧为六祖殿，建于北宋。六祖殿前为"瘗发塔"，殿侧有南汉的千佛铁塔以及始建于唐代的大悲幢、石经幢、碑刻、佛像等，还有寺内的诃子树和菩提树，均是 200 年以上的古树名木，绿叶婆娑，巨冠如伞，都是珍贵的佛教遗迹遗物。

达摩踏海西来

广州西关下九路北侧西来正街一带，隋代以前为珠江岸。南朝梁武帝普通年间（6 世纪 20 年代），古印度高僧菩提达摩东渡来到中国传教。他首先在广州绣衣坊码头登岸，并在登陆处建西来庵。后世信徒尊奉达摩为中国佛教禅宗的始祖，因而称其当年登陆地为“西来初地”。南朝梁武帝普通七年（526 年），距今已有 1400 多年，在西来庵原址建寺庙，历隋、唐、宋、元、明、清诸代，传灯不绝。清顺治十二年（1655 年）首建大雄宝殿，次建楼阁堂室，改西来庵为华林寺，成为广州佛教四大丛林之一。

华林寺最值得一看的还是五百罗汉堂。清道光二十九年（1849 年），该寺住持抵园和尚奉诏始建宽 31 米、深 44 米、总面积为 1364 平方米的五百罗汉堂，除供奉三宝佛外，还陈列着神态各异的泥塑五百罗汉像。这些造型多样的罗汉中，竟然有一个是康熙皇帝，还有一个是大名鼎鼎的马可·波罗。到这里游览，有兴趣的可以细细辨认哪一个罗汉是“千古一帝”康熙，哪一个罗汉是高鼻碧眼的西方传教士马可·波罗。

日日是好日。　——禅宗云门文偃禅师

去陈家祠看那屋檐上的兴亡故事

陈家祠又名陈氏书院，位于荔湾区中山七路陈家祠地铁站旁，是广州传统艺术的集大成之作，也是保存比较完好的岭南传统建筑代表，是广州的旅游热点，也是“广州一日游”的必到景点之一。现为全国重点文物保护单位，曾被评为“广州十大旅游美景”之首。

陈氏书院于清光绪十六年（1890）动工兴建，历经年竣工落成，是当时广东72县陈姓合族宗祠，为本族各地读书人来广州参加科举考试时提供的住处。1959年，陈氏书院被辟为广东民间工艺博物馆，以搜集、保存、研究和传展览广东地区历代各类民间工艺品为主。馆内辟有多个展厅，常年展出馆藏文物。展品有陶瓷、雕刻、刺绣等工艺精品，还设有近代家具、书画、文房四宝、茶艺等展厅、专室。

陈家祠历经岁月的洗礼能够如此完好地保存下来，可以说是机缘巧合。在特殊的年代，陈家祠曾经作为一家印刷厂，负责印刷毛主席语录等书籍，也正是由于这个原因，陈家祠没有遭到大规模的破坏，虽然有小部分作品未能被保全，但是祠内比较完好地保留了建筑主体和大部分雕塑，后经修整，面貌焕然一新。在古建筑越来越鲜见的今天，艺术价值不言而喻。

全院占地近 1.5 万平方米，院东新辟有 1.7 万多平方米的绿化广场。建筑外围有青砖围墙，形成一座外封闭内开放的建筑群体，是典型的广东民间宗祠式建筑。

进入陈家祠后，首先看见的是建筑屋脊上气势磅礴的石湾陶塑，石湾脊饰使用的玻璃釉彩，主要有黄、绿、宝蓝、福、白五色。脊饰的制作方法以贴塑为主，人物造型着重在轮廓线和动态上下功夫，线条简练粗犷，以适合从下往上观看的大效果，并巧妙地把亭台楼阁和动物、花鸟、瓜果等各种造型穿插其间，使屋脊显得绚丽多彩，衬托出建筑物的高大堂皇。这样大规模的工艺品非常少见，绝对是中国清代建筑中的代表之作。

陈氏书院共有十一条陶塑脊饰，分别装设在三进三路九座厅堂屋脊上。首进大厅屋顶采用悬空山墙将其分隔为三间，突出屋脊的鲜明华彩。每条脊饰题材各异，有的以一组戏曲人物为主题，配以其他内容；有的用十多组内容组合，将传统戏曲中有代表性的场景，以夸张概括的表现手法，用连景形式接成连环画般的连续故事。在众多的脊饰中，以中进聚贤堂上的脊饰规模最大，制作也最为精美。这条脊饰总长 27 米、高 2.9 米，连同灰塑基座总高 4.26 米，全脊塑造 224 个人物。内容有“群仙祝寿”“加官晋爵”“八仙贺寿”“和合二仙”“麻姑献酒”“麒麟送子”“虬髯客与李靖”“雅集图”等；还有用玉堂寿带鸟和牡丹组成图案，表示荣华富贵之意；还有的用各种缠枝瓜果图形表示“瓜瓞连绵”，寓意子孙昌盛，连绵不断。这些题材反映了当时的社会意识和人们的愿望。此外，石湾脊饰的鸱吻，塑造的是飞翔在云天的鳌鱼形，突破了传统的做法，鳌鱼的两根长须伸向晴空，显得气势非凡，使屋顶轮廓线更为优美。这种表现形式，与民间流传鸱吻为防火避灾的用意一致，同时迎合了人们祈望子孙后代独占鳌头、高官显贵的心里。

陈氏书院大门上彩绘高达 4 米的巨幅门神，是运用勾线重彩技法描绘，突出守门将军威武镇邪的神采。门上还装饰一对直径 60 厘米，每只重 60 公斤，莲瓣边饰，缠枝牡丹纹样的铜铺首，更增添了门神的庄严肃穆。这样巨大而精细的铺首，在广东的民间建筑中实为仅有。主体建筑宽 80 米、深 80 米，以“三进三路九堂两厢杪”布设，穿插六院八廊，包括前院、西院、东院及后院，占地15000多平方米。陈家祠的建筑由深三进，广五间，大小19座建筑物组成，建筑中心是高达20余米的中进主殿“聚贤堂〞。整个建筑根据中国古代建筑形式美的原则，把众多大小不同的建筑物巧妙地组合布局在平面方形的建筑空间里，前后左右严谨对称，虚实相间，极富层次。长廊、青云巷使整个建筑四通八达，庭院园林点缀其中．形成各自独立而又相互联系的整体。

陈家祠以其巧夺天工的装饰艺术著称，它荟萃了岭南民间建筑装饰艺术之大成，以其“三雕、三塑、一铸铁”闻名号称“百粤冠祠”。全院的门、窗、屏、墙、栏、梁架、屋脊等处处配上精美的各式木雕、石雕、砖雕、灰塑、陶塑、铜铁铸等艺术品，与雄伟的厅堂浑然一体。主体建筑正门两边的外墙上有6幅大型砖雕“梁山聚义”“梧桐杏柳凤凰群”等，其画内建筑物雕工精细、层次分明，人物神态各异、形象生动，花鸟栩栩如生，其砖雕技艺为近代罕见，可说是惊世之作。

尤具特色的还有第二进后侧长廊上的柚木屏门双面镂雕，分别雕有历史故事和民间传说“三顾茅庐”“赤壁之战”等20幅木雕，被赞誉为“木刻钢刀雕就的中国历史故事长廊”。由于许多作品在梁上屋脊等处，游人必须仰视才能观赏。为了使人物看起来更显得比例合适，工匠们在雕刻时将人物的下半身缩小一定的比例，从而符合近大远小的规律，正符合人们的视觉效果。所有屋檐高处雕刻的人物都“有眼无珠”。因为作品在屋檐房脊等处，离地比较高，人们不易看清眼部细节，同时不雕眼珠远看显得眼睛更大更有神。

中路一二进间的院子内的石栏杆镶嵌的铁铸双通花栏板“金玉满堂”“三羊启泰”等，展示了中国近代铸铁工艺的成就，院内石雕、陶塑、灰塑表现的主题岭南特色鲜明、工艺精美，精品琳琅满目而称雄岭南。

陈家祠灰塑

(2022)

岭南文化的中心和发祥地

广州是岭南文化的中心和发祥地，同时也是一个古老而又年轻的都市。在历史上，无数次的移民和不断的对外贸易，使得岭南文化散发出多元的韵味，其中包含着中国传统文化的遗韵，也有岭南特有的人文风韵，同时也受到外来文化的影响。广州 2200 多年的历史留下许多说不完道不尽、多姿多彩的特色文化，尤其是广东的饮食文化、节庆文化、民俗民风和艺术文化，都给人们留下深刻的印象。

说到广州的传统文化，不能不说到粤语、粤剧和岭南美术。

广州的方言粤语历史悠久，又称为广州话、白话，声调丰富而且富于变化，婉转动听。粤语通行于广东、广西东南部以及香港、澳门。粤语的使用人口超过 1 亿，同时在海外许多国家，粤语是比普通话更流行的中国语言，因为在国外的华人、华侨大部分都是广东人。所以在许多国家，你可以不懂英语和普通话，只要会广州话就能生存了。另外，受港澳流行文化和广东经济的影响，在国内许多地方粤语也有深厚的影响，不会说粤语也能唱几句粤语歌的大有人在。粤语的发音独特，普通话有 4 个声调，广州话的声调却有 9 个。由于声调丰富而且富于变化，广州话听起来很动听，很悦耳，许多外地人称之为“鸟语”，其意是不是像鸟儿声音那样悦耳动听？

我（我） 你（你） 佢（他、她）
我哋（我们） 你哋（你们） 佢哋（他们）
人哋（人家）

呢（这） 嗰（那） 乜（什么） 边（哪）
呢度（这里） 嗰度（那里） 边度（哪里）
第日（改天） 第次（下次） 乜嘢（什么）
咁好（这么好） 咁样（这样、那样）
几多（多少） 点解（为什么）

唔制（不干） 抖下（休息） 係唔係（是不是） 唔该晒（非常谢谢） 唔该（谢谢，麻烦一下） 唔该借借（麻烦让一下）

大佬（哥哥） 细佬（弟弟） 心抱（媳妇） 听日（明天） 后生仔（年轻小伙子）
后生女（年轻姑娘） 靓仔（漂亮小伙子）
靓女（漂亮姑娘） 细路（小孩） 细蚊仔（小孩） 骚虾（婴儿）

老细（老板） 事头婆（老板娘） 返工（上班） 收工（下班） 揾食（谋生）

倾偈（聊天） 做嘢（干活）食（吃） 喊（哭） 得闲（有空） 瞓觉（睡觉） 滚水（开水） 饮胜（干杯） 食晏（吃午餐） 炒鱿鱼（解雇） 搞掂（搞妥当）

肉赤（心疼） 闭翳（发愁） 谷气（憋气） 唔忿气（不服气） 乞人憎（令人讨厌） 有计（没办法） 喊苦喊忽（哭哭啼啼） 心水（心意）

激气（心里有气） 失魂（慌张，精神恍惚） 滋油（慢悠悠） 他条（从容，闲适） 快趣（利索，很快） 慌失失（慌里慌张） 爽手（爽快） 咪嚤（慢） 痴缠（缠绵） 架世（排场，气派） 交关（厉害）

一身蚁（一身麻烦） 走鬼（非法摊档） 一镬泡（比喻一团糟糕）

笃背脊（背后说人坏话，告发别人）
游离浪荡（无所事事，到处游荡）
衰到贴地（倒霉透了，坏透了）
水静河飞（静悄悄，幽静）
放飞机（故意失约）

粤剧院的小学员
(2008)

粤剧是广州地区最有代表性的地方剧种，又称“广东大戏”“粤曲”，是指用粤语演唱，用“唱、做、念、打”等手法表演故事，享有“南国红豆”的盛誉。流行于广东、广西的粤语地区和香港、澳门两个特别行政区，在东南亚以至欧洲、美洲、澳洲等华侨、华人居住地区也常有粤剧演出。兼容并蓄、通俗易懂、音乐优美是粤剧的主要特点。

广州自古就是外贸重地，是海上丝绸之路的起点，经济繁荣和城市的发展造就了群众热切的文娱需求，加上岭南人自古就盛行以歌舞祭祀、娱神的传统，这些都为本土戏曲的发展打下了坚实的基础。自明朝开始，广东地区就有外江班进行戏曲活动，继而有本地班形成，并逐渐孕育出以“梆子”“二黄”为主要腔调，以粤语演唱的粤剧。随着时代发展，粤剧不断改良，终于形成了脍炙人口，富有广府文化特色的艺术形式。

岭南画派是岭南文化中最具特色的中国优秀文化之一，它和粤剧、广东音乐并称为“岭南三秀”，是中国传统国画中的革命派，它主张创新和写实，以岭南特有景物为题材，引入西洋画派优点，博取诸家之长发扬了国画的优良传统。在绘画技术上，一反勾勒法而用“没骨法”，用“撞水撞粉”法，以求其真。岭南画派的产生和发展，体现了一种新的文化精神，这种新的文化精神包含了革命精神和时代精神，是“岭南画派”区别于旧国画流派的主要特征；还有兼容和创新的精神，是“岭南画派”的艺术主张，是革新的重要途径。这些精神是互相联系的，它构成了“岭南画派”相当完整的体系，也是这一画派历久不衰的重要原因。

岭南画派始于晚清时期，高剑父、高奇峰和陈树人为早期著名创始人，其弟子多成名家，受到海内外华人的喜爱。香港的赵少昂、杨善深和广州的黎雄才、关山月，这四位大师是当代岭南画派的主要代表。

《星湖春晓》局部　　——黎雄才

广州的玉雕工艺源远流长。广州人特别喜爱玉，历来视玉为宝，认为玉器有吉祥瑞意，有定惊辟邪和脱难消灾之功效。清道光年间，广州玉石工艺制品已成行成市，大店铺有200多间，广州玉石雕刻行业和销售市场空前繁荣。

广州玉雕多采用缅甸翡翠玉、新疆白玉、珊瑚、孔雀石、水胆玛瑙和岫玉、信宜玉等名贵玉料。广州艺人博采各地玉雕技术之长，又以广州牙雕为模本，无论在品种、雕工、用料等都有自己的特色。广州玉雕工艺形成于唐代中后期，继承宋代巧色玉的传统，创造“留色”特技，显出原玉的天然颜色。尤其是通雕玉球，它是攻克玉石高硬度的产品，多达12层以上，大球套小球，厚薄均匀，层层自由转动，并雕上山水、花卉、人物、鱼虫、花鸟等精细的衬花，托在手上轻轻晃动，隐约传出玉石碰击之声，甚是怡人。还有薄胎南方玉碗和玉雕小茶具，这三种产品在中国玉雕艺术中是少有的。广州玉雕的传统作品有花薰、熏炉、脱链瓶、首饰等。数十年来新出现的艺术作品有宝塔、通雕灯、脱链蟹笼和象顶花董等。

象牙雕刻，是用象牙雕成的各种工艺品。广州的象牙雕素以精雕细刻著称，在国际上声名卓著。有牙球、花舫、花塔、花篮、通雕花瓶、人物、山水风景、花鸟动物等多个品种。其中象牙球是广州牙雕的代表作。广州象牙雕刻艺人成功利用了象牙坚硬而不易破碎的特性，运用镂空技法，首创了多层象牙球，象牙球现已可雕 54 层，层层活动，同时还镂满了人物、花卉、鸟兽，实在令人惊叹不已。早在 1915 年，巴拿马万国博览会上，广州象牙球就荣获“艺冠全球”特等奖。过去许多国家曾千方百计仿制象牙球，但始终没有成功。

从雕刻手法上分，广州牙雕主要分为圆雕和通雕两大类：圆雕用以制作实心、立体工艺品，如人物、动物、山石风景等；通雕用以制作花舫、花瓶、花塔、蟹笼、牙球等通透玲珑的品种。

2006 年，广州牙雕入选第一批国家级非物质文化遗产名录。

广彩是广州织金彩瓷的简称，始于明代的广州三彩，到清代发展为五彩，并在乾隆年间逐步形成独特的艺术风格，至今已有 300 多年的历史，是我国釉上彩瓷的一个独特的品种。它是在各种白瓷器皿上彩绘烧制成的一种具有浓厚的东方特色的工艺品。

广彩以色彩绚丽、构图严谨、绘工精细、犹如万缕金丝白玉的特色而著称。在洁白的瓷器上手工艺人们织上金线，如万缕金丝在宝石上，给人以雍容华贵之感。

作为广州彩瓷初期产品的珐琅彩，以其高贵艳丽的特色，备受中外富豪贵族的喜爱，被清廷列为贡品，外国一些王室贵族派官员专程来广州求购。后来发展成由欧洲商人带来彩瓷图样，中国商人按要求制造，专供出口。那时广东商人从景德镇运来瓷坯，采用江西粉彩技艺仿照西洋彩画的方法加以彩绘，再焙烧而成。后来广彩手工艺人继承明代彩瓷的艺术特色，吸收西洋画法，绘上具有岭南地方特色的图案，逐渐形成独特的岭南艺术风格，并将许多图案固定下来，成为广彩的传统花款，例如花篮、龙凤、彩蝶、金鱼、古装人物等。最常用的构图是用花边图案围出若干形状各异的空格，在空格内绘以花卉、物景和人物。也有不设圈格，进行满花彩绘，表现一花多姿，百花齐放的画图。

广彩瓷器的产生，是从中西贸易的外销瓷中，逐步适应国外市场的需要而发展起来的。它既有我国传统彩绘艺术的风格，又吸收了欧美的艺术精华，可说是中西文化交流的结晶，是数百年来广彩手工艺人们辛勤劳动的硕果。广彩已赢得国内外人士的赞誉，如今销售遍及世界五大洲、100 多个国家和地区，传播中国特有的陶瓷文化。

广彩

广绣是以广州为中心的珠江三角洲民间刺绣工艺的总称，以构图饱满，形象传神，纹理清晰，色泽富丽，针法多样，善于变化的艺术特色而闻名。广绣与潮州刺绣合称粤绣，与湖南的湘绣、四川的蜀绣和江苏的苏绣并称中国四大名绣。

粤绣始于唐朝，明代达到极高水平。广绣从清代起就已闻名海外，其产品行销海外，在国际上享有较高的声誉。许多外国商人慕广绣之名前来广州大量订购广绣，有的商人还带来外国国王肖像、耶稣像或一些图画照片来样加工订货。不少广绣佳作曾作为贡品贡献给历代皇帝。北京故宫博物院也收藏有不少广绣的优秀作品。

广绣大致分为两大类：一是盘金刺绣，二是丝绒刺绣。盘金刺绣以金线为主，辅以彩线刺绣，金碧辉煌，灿烂夺目，雍容华贵。丝绒刺绣开丝纤细，色彩缤纷，绣出的花鸟尤其精美。广绣作品《睡狮》《孔雀图》《四角大花披巾》曾在

1915年巴拿马万国博览会上获奖。广绣所使用的基本材料有线绒、真丝、金线、银线、金绒混合等几大类。二三十年来虽然更多地使用尼龙等混合纤维绣料，但金银绣线和金绒混合绣等传统工艺依然最负盛名，深受人们喜爱，是广绣的代表。金银绣以其独具装饰性为艺术特色，构图饱满匀称，色彩辉煌，更显得作品的富丽华贵。

广绣

7

寻找一个叫『革命』的名词

提起中国近代史

广州是一个绝对不能忽略的地方

广州作为中国最著名的历史文化名城之一

它最辉煌、最独特、最有影响的地方

是它的近现代革命史

红色是这个城市的底色

广州市花是木棉。这是种奇异的花，每年春天，高大的木棉树叶脱尽，随后开出满树的硕大鲜红的花朵，整个城市被一片片的红云笼罩，仿佛给现代的广州城笼罩上一层悲壮的色彩。木棉花又叫英雄花，它们的盛放仿佛提醒人们广州在近代史上那一段悲歌慷慨的往事。

提起中国近代史，广州是一个绝对不能忽略的地方。广州作为中国最著名的历史文化名城之一，它最辉煌、最独特、最有影响的地方是它的近现代革命史。

事情要从第一次鸦片战争开始说起。由于清朝的闭关锁国政策，只开放广州一个对外贸易港口，出口西方急需的丝绸、陶瓷和茶叶，造成了巨大的贸易顺差。

为了消除这种顺差，当时英国开始大量对中国秘密倾销鸦片，1840 年清廷派遣林则徐到广州禁烟，在珠江出海口虎门销毁缴获的大量鸦片，英军借此用武力打开中国紧闭的大门。1841 年英军侵略广州，广州郊区 103 乡的人民自动组织起来，在三元里一带给英国侵略军以有力的打击，中国近代史由此展开。

19 世纪 40 年代，洪秀全在广州花县创立拜上帝会，由此拉开太平天国起义的帷幕。这是中国近代史上最浩大的农民起义运动，前后持续13年，从根本上动摇了清政府的腐败统治，为近代一系列伟大革命打下基础。

19 世纪末，资产阶级维新运动的先驱康有为、梁启超在广州著述讲学，提出和宣传维新变法思想，开始从事资产阶级改良运动。康有为曾在广州开办“万木草堂”，近代资产阶级维新变法运动“戊戌变法”也在此酝酿。

中国民主革命的伟大先驱孙中山先生在广州开展的革命活动更是为世人瞩目，他少年学医于广州，于 1894 年建立了革命团体兴中会，于 1911 年 4 月 27 日组织广州起义（又称黄花岗起义），为辛亥革命吹响了前奏，是走向共和的第一步。在领导辛亥革命推翻封建王朝建立共和制度后，他为捍卫共和三次在广州建立革命政权。

1917 年孙中山在广州成立中华民国军政府，当选为海陆军大元帅，誓师北伐。1921 年孙中山在广州就任非常大总统，再擎护法旗帜。1923 年 2 月，孙中山在驱逐陈炯明叛军后重返广州，3 月 1 日重建陆海军大元帅大本营；在广东士敏土厂设立元帅府，并创办了举世闻名的黄埔军校和广东大学（现中山大学），为中国革命培养了大批人才。广州在孙中山领导的革命运动中有无可替代的地位，成为他反帝反军阀的大本营。

毛泽东和蒋介石也在这里开始形成他们的主要思想，毛泽东在广州开办农民运动讲习所，为他此后的“农村包围城市”策略打下基础。蒋介石在孙中山开创的黄埔军校里做校长。

1923 年，中国共产党第三次全国代表大会在广州召开，开始第一次国共合作。1927 年，共产党人在这里举行广州起义，建立了“广州苏维埃政府”，开辟了广州革命斗争的新阶段。广州起义是继南昌起义、湘赣边界秋收起义之后，共产党领导的又一次震动世界的武装起义，是对国民党反动派进行的又一次积极而英勇的反击。

从鸦片战争开始，广州一直是中国近代革命的重要地点和策源地，和中国近代历史的发展始终密不可分。从 1840 年到 1927 年，许多发生在广州的革命活动都对中国社会产生了深刻的影响。

所以说，要知道中国 3000 年前的历史，应该去看西安；要知道中国 500 年前的历史，应该去看北京；要知道中国的近现代史，广州是最好的地方。

陵园西路

木棉花开。陵园西路是广州很有特色的街道，是手机市场一条街，街道不长，路两侧种满了高大苍劲的木棉老树，每年三月，木棉盛开，灿烂无比。木棉是广州市市花。树可高达 25 米。花深红色，盛开时，满树枝干缀满艳而硕大的花朵，如火如荼，耀眼醒目，极为壮丽，素有“英雄树”之美名。

(2015)

跟随在孙中山的身后

说起广州近代革命历史，孙中山是至关重要的人物，这位中国民主革命先行者，中华民国的缔造者，在广州的活动为他的革命生涯写下无数悲壮的里程碑，也使得广州成为近代民主革命的策源地。

在广州，很多地方都留下了孙中山先生和他奋斗一生的痕迹，这些地方也给后人留下了凭吊缅怀的空间。

孙中山先生幼名帝象，学名文，字德明，号日新，后改号逸仙，旅居日本时曾化名中山樵，“中山” 因而得名。

1866 年 11 月 12 日，孙中山出生于翠亨村一个普通的农民家庭，10 岁入村塾读书，12 岁到檀香山读书，17 岁时回国。1884 年与本县卢慕贞女士结婚。1868 年—1892 年先后在广州、香港学医。毕业后，在澳门、广州行医，并致力于救国的政治活动。1894 年上书李鸿章遭到拒绝，遂赴檀香山创立兴中会，提出“驱除鞑虏，恢复中华，创立合众政府”的主张。

1905年孙中山在东京成立中国同盟会，系统地提出其三民主义思想，并与保皇派进行了激烈的论战。1895年到1911年，孙中山策划多次反清武装起义，屡遭挫折而斗志弥坚。1911年10月10日武昌起义，得到各省响应，导致清朝专制统治的覆灭，是为著名的“辛亥革命”。

1912年元旦，孙中山在南京就任中华民国临时大总统，创立了中国历史上第一个共和政体。1912年4月卸大总统职，致力于经济建设的宣传。袁世凯窃取大总统职位后阴谋复辟帝制，孙中山乃于1913年发动“二次革命”反袁。1914年在日本组织成立中华革命党。1915年与宋庆龄结婚。

1917年，在广州召开非常国会，组织中华民国军政府，孙中山被推举为大元帅，开展护法运动。1919年改组中华革命党为中国国民党，孙中山担任总理。1921年，非常国会又于广州议定组织中华民国正式政府，孙中山就任大总统，再举护法旗帜。1923年，孙中山第三次在广州建立政权，成立陆海军大元帅大本营，复任大元帅。同年接受苏联和中国共产党的建议，决定国共两党实行合作，以推进国民革命。1924年1月召开中国国民党第一次全国代表大会，改组了国民党，重新解释其三民主义。同年秋，冯玉祥发动“北京政变”，孙中山应邀北上，共商国是。1925年3月12日，孙中山病逝于北京。

黄埔军校旧址位于黄埔区长洲岛，是第一次国共合作时期，孙中山在中国共产党和苏联帮助下创办的一所新型的军事政治学校。1924 年 6 月 16 日举行开学典礼，孙中山在开学演讲中提出“创造革命军，来挽救中国的危亡”作为办校宗旨。孙中山讲话中的“要从今天起，立一个志愿，一生一世，都不存在升官发财的心理，只知道做救国救民的事业”，后来成为中华民国的国歌歌词。军校有三位最高的领导人，他们是校总理孙中山、校长蒋介石、党代表廖仲恺。军校在长洲岛共办了 7 期，1927 年后陆续迁往武汉、南京、成都等地。

在中国的近代革命战争中，黄埔军校曾为国共两党培养出许多军事家和将领。在中华人民共和国成立后授衔的 10 大元帅中就有 5 位出自黄埔军校，他们是徐向前、叶剑英、聂荣臻、林彪和陈毅。中国人民解放军首批授衔的 10 位大将中也有 3 位出自黄埔军校，他们是陈赓、许光达和罗瑞卿。周恩来、陶铸、刘志丹和左权等，也在黄埔军校工作和学习过，他们为中国人民的解放事业做出了重大的贡献。而国民党军队的将领中，黄埔军校毕业的著名将领有杜聿明、胡宗南、邓演达、宋希濂和陈诚等，数以百计。

1995 年，黄埔军校旧址纪念馆被评为广州市爱国主义教育基地。2000 年，又被评为广东省首批爱国主义教育基地。现有军校正门、校本部、孙总理纪念碑、孙总理纪念室（俗称：孙中山故居）、俱乐部、游泳池、东征烈士墓、北伐纪念碑、济深公园、教思亭等十几处建筑。现为全国重点文物保护单位。

黄埔军校大门中央上方横匾上书“陆军军官学校”几个大字，是清末谭延闿所书。军校大门彩楼两旁有孙中山总理遗嘱中的“革命尚未成功，同志仍须努力”。

黄埔军校校本部是一座日字形的两层砖木结构、三路四进、回廊相通的楼房。孙中山故居即“史迹陈列室”，其中陈列许多革命珍贵文物及不少校友的捐赠品。位于孙中山故居西的学生俱乐部是欧式红色建筑，黄埔军校当年的“清党”便是在俱乐部举行。

黄埔军校后山的八卦山山顶建有孙总理（孙中山）纪念碑，碑顶塑有孙总理铜像。碑座高 40 米，铜像高达 2.6 米，重逾 2000 斤，是孙中山先生当年的日本好友梅屋庄吉出资铸造。碑的正面为“孙总理纪念碑”6 个隶书大字，北面为总理像赞，东面为总理遗训，西面为总理开学训词。碑座表面镶有校训“亲爱精诚” 4 个大字。

此外长洲岛还有中山公园、仲恺公园、黄埔公园、济深公园；张之洞倡建的大坡地炮台、白鹤岗炮台等景点。

中山大学前身为广东大学，是孙中山先生于1924年创办的，孙中山先生亲笔为中山大学题写了校训："博学、审问、慎思、明辨、笃行"，原校址设在文明路215号。为纪念孙中山先生，于1926年7月改名为中山大学，后一度迁往天河五山（今华南理工大学和华南农业大学现址），1952年院系调整时将岭南大学部分院系并入中山大学，中山大学校址亦随之迁入岭南大学原址，2001年中山大学与中山医科大学合并为新的中山大学。中山大学现在是教育部直属的文理科综合名牌大学，全国著名重点高等学校之一，综合排名居中国高校前十名，也是华南地区最著名的综合性大学。

中山大学现有三大校区：广州校区、珠海校区、深圳校区。广州校区有三个校园，分别是广州南校园、广州北校园和广州东校园。广州三大校园均树木葱茏，绿草如茵，景色秀丽，不仅是陶冶情操、读书治学的胜境，也是中外游人到广州喜欢参观游览的知名景点，尤其南校园和北校园，建校历史悠久，人文鼎盛，具有众多保存完好的人文历史建筑，值得一游。

广州校区南校园的北门牌坊位于中大北门广场，面临珠江，与二沙岛遥遥相对，为古色古香的中国双层牌楼，是根据中大古牌坊的风格重建的。牌坊雄驻珠江南岸，气势蓬勃，上刻“国立中山大学”系集孙中山先生手迹而成。

从中大北门或南门进入校园中心区，是一片开阔的中区大草坪，两旁老树成荫，环境幽雅，书香气息浓厚，草坪中央的孙中山纪念铜像面向北方，寓“北伐”之意，由孙中山先生的日本友人梅屋庄吉所赠，希望通过纪念铜像宣传孙中山先生的主义。1933 年冬奉置于中山大学石牌旧址，1954 年春广州市政府借置于中山纪念堂，1956 年 11 月 12 日运至中大现址。中山像旁为惺亭，是原岭南大学惺社同学于 1928 年捐建，为史坚加、区励周、许耀章三烈士纪念亭。史坚加为辛亥革命烈士，区励周、许耀章为 1925 年沙基惨案烈士。

草坪南端是小礼堂，由美国克里夫兰州的华纳和史怀士公司的总裁安布雷·史怀士出资为岭南学校修建的基督青年会馆。1915 年动工，1916 年建成，为纪念捐赠者，名为“怀士堂”。1923 年 12 月 21 日，孙中山先生与夫人宋庆龄到岭南大学视察，并在校园合影留念。孙中山先生还在怀士堂作长篇演讲，勉励青年学生“立志要做大事，不可要做大官”。

草坪西侧有一座乙丑进士牌坊，建于明朝崇祯八年（1635年），为表彰天启年间广东梁士济、李斯觉、罗亦儒、吴元翰、岑之豹、尹明翼、高魁年七位进士所建。该牌坊原立于广州四牌楼，20世纪40年代，移迁至此，为岭南地区保存较好的功名牌坊之一。

在中大广州南校园内，还散布大量民国时期的建筑群，建筑融合东西方文化精髓，并富有岭南传统风格，总称为“康乐园早期建筑群”，现为广东省重点保护文物，这些建筑大都保护完好，掩映在老树林荫之间，适宜细细漫步，一一探访。

其中的黑石屋，是芝加哥的伊沙贝·布勒斯顿（黑石）夫人出资为担任过岭南学堂教务长和岭南大学校长的钟荣光博士（岭南大学首位华人校长）修建的寓所。1914年动工，后来为纪念捐建者，大家称之为“黑石屋”，现在是学校的招待所。马丁堂现为人类学系所在的大楼。1905年动工，1906年落成，是一座由硬制红砖砌就，采用钢筋混凝土作地面的建筑物。为纪念向岭南大学前身岭南学堂捐款的美国辛辛那提市的亨利·马丁，遂命名为“马丁堂”。1912年5月3日，孙中山先生到岭南学堂访问，在马丁堂前分别与全体教职员和全校师生员工合影，并发表题为《非学问无以建设》的演讲。还有陈寅恪故居，20世纪50年代后，东南区1号一直是陈教授的住所兼教学课室，《论再生缘》《柳如是别传》等名著就是在这里完成的。

中山大学广州校区北校园（原中山医科大学）位于中山二路 74 号，前身为博济医学堂，始建于 1835 年，是全国最早的西医院和医学堂。清光绪十三年（1887 年），孙中山先生曾以“逸仙”之名就读于此，并开始伟大的革命活动。

北校园正门有孙中山先生学医纪念像，为邓颖超题字。塑像上的少年孙中山意气风发，挥斥方遒，背后的博济医学堂旧址为红砖绿瓦西洋风格建筑，双塔耸立，气势非凡，上有邓小平题写校名和戴季陶手书对联“救人救国救世，医病医身医心”。校内还有图书馆、“抗非”英雄纪念碑等建筑，值得一游。

中山大学怀士堂
（2023）

孙中山学医纪念碑位于沿江中路仁济路口中山大学孙逸仙纪念医院内。孙逸仙纪念医院前身为博济医院（创办于1835年），是外国教会在我国内地兴办的第一所医院，也是我国最早的一间西医院，距今已有180多年的历史。

清光绪十三年（1887年）夏，年方20岁的孙中山先生以孙逸仙名字进入南华医学堂学医，并师从陈仲尧学习经史。在此期间，他不仅刻苦攻读医学必修课，还广泛学习中国经史与西方各国军事、政治、历史、物理、农学等多方面知识，故中西知识渊博，热切向往法、美等国之共和革命，立志要推翻卖国、专制之清朝。

为了纪念孙中山先生在南华医学堂里开始学医和进行革命活动，在这里用花岗石建造了一座纪念碑。碑前后分别用中英文镌刻“孙逸仙博士开始学医及革命活动策源地”等字样。

中山纪念堂坐落在越秀山下的东风路上，建成于1931年11月，占地共6万平方米，是1925年孙中山先生逝世后，为纪念这位中国民主革命先行者而设计建造的一座仿古宫殿式建筑，是中国近代建筑艺术中的杰作，是全国重点文物保护单位。

纪念堂于1929年元月动工，1931年11月落成。1921年孙中山先生在广州出任非常大总统时曾在此地设立总统府。1928年陈炯明叛变时被炮火夷为平地。

中山纪念堂是一座富丽堂皇的八角形建筑，整个建筑及装饰富有浓郁的民族风格和中国传统建筑的艺术特色。外形庄严宏伟，整座建筑面积约为3700平方米，高49米，由前后左右四个宫殿式重檐歇山抱厦建筑组成，就像四层卷叠的龙脊，组成一个整体，烘托出中央巨大的八角形攒尖式屋顶。重檐歇山顶的中央，高悬着一块蓝底红边的漆金大厦，上面有孙中山手书的“天下为公”4个

中山纪念堂
(2019)

大字，雄浑有力。

纪念堂内部结构异常坚固，金顶呈椭圆形，高达 3.79 米，直径最大处有 4.075 米。这么一个巨大的熠熠生辉的金顶表面，全部使用黄金镶贴，共用了从香港购进的质量上乘的金箔 36166 张，折合重量 0.92 公斤。除了金顶外，“天下为公”字匾、总理遗嘱、建国大纲、奠基石字体，也都是用金箔镶贴的。

大厅跨度 30 米，内无一柱，体积达 5 万立方米，有 5000

个座位，空间高大、雄伟、宽敞，是当时中国最大的会堂建筑，也是将中国传统建筑形式大量用于会堂建筑的大胆而成功的作品。由于力学和声学的巧妙运用使得这座建筑物回音少，非常适合做音乐演出使用。

纪念堂前立孙中山全身青铜像，后面设两座两层的配楼，现西耳楼成为“孙中山史迹陈列馆”，展出孙中山在广州从事革命活动的史绩。纪念堂东面是广东省人民政府所在地，西面是广东省科学馆，南面是广州市人大常委会办公大楼，北面越秀山，沿百步梯（共498级）拾级而上，可看到孙中山读书治学处的纪念碑和吕彦直设计的中山纪念碑。

中山纪念堂，是孙中山先生两大纪念性建筑物之一，它既与南京中山陵齐名，又比南京中山陵具有更加丰富的历史内涵，——无论城市如何的发展，它都是广州市不可替代、不可移易的地标性建筑物。1945年抗日战争胜利后，它还见证了广州受降典礼，一雪广州沦陷的耻辱。

毛泽东同志在广州的足迹

毛泽东同志在大革命时期，曾三次到广州从事革命运动：第一次是 1923 年 6 月，来穗出席在东山春园召开的中共三大，并当选为中央委员、中央局秘书。第二次于 1924 年 1 月，来穗参与中国共产党帮助孙中山改组国民党工作，并出席国民党一大，当选为国民党中央候补执行委员。第三次于 1925 年 9 月来穗，10 月担任国民党中央宣传部代理部长，主持国民党政治委员会机关刊物《政治周报》，1926 年 5 月～9 月，主持第六届农民运动讲习所并任所长，为中国共产党培养了大批农民运动骨干。

农民运动讲习所旧址即毛泽东同志主办农民运动讲习所旧址纪念馆，位于中山四路 42 号。所址原为番禺学宫，始建

毛泽东同志主办农民运动讲习所旧址纪念馆

(2020)

于 1370 年，是一处庄严古朴的建筑群。有棂星门、泮池拱桥、大成门、大成殿、崇圣殿，两边有廊庑等建筑，红墙黄瓦，陶瓷彩塑，飞檐斗拱，石雕木刻。院内木棉、菩提、龙眼、九里香等古树挺拔葱郁。大门上的“毛泽东同志主办农民运动讲习所旧址”由周恩来题词。

广州农民运动讲习所在第一次国共合作时期共举办了六届。第六届由毛泽东任所长，周恩来、彭湃等 20 余人任教员，来自 20 多个省区的 327 名学生，在此学习农民运动的理论和方法，并接受严格的军事训练。他们毕业后奔赴全国各地，领导农民开展反封建斗争，为中国革命作出了重大的贡献。

纪念馆于 1953 年建立，1961 年公布为全国重点文物保护单位。当年的所长办公室、教务部、军事训练部、课堂、学生宿舍等，均按原貌布置，并有所史陈列和其他展览等。

1927年，鲁迅先生在广州

1927年1月18日，鲁迅由厦门抵达广州，在广州居住了8个多月，先后住在大钟楼（今文明路215号）和白云楼（今白云路7号）。

到广州后，鲁迅任中山大学文学系主任兼教务主任、组织委员会委员，为中山大学学生开设了“文艺论”“中国文学史”“中国小说史”等课程。

鲁迅在广州主要做了两件事情，与许广平成婚，策划营救中山大学被捕的共产党学生。

鲁迅与广州女生许广平结识相知于北京女子师范大学，当时鲁迅已经有一门封建包办的婚姻束缚，许广平大胆地表白追求，使得鲁迅冲破犹豫和矛盾，携许广平到广州，在高第街的许家举办婚宴。许氏家族是广州的名门望族，传统广式的婚礼更是大肆铺张，关于婚礼的情况历史无载，但想必冷峻锋锐的鲁迅先生会有一丝尴尬和不自在吧。

鲁迅到广州后，曾于3月间秘密会见了中共广东区委书记陈延年，并先后应邀到中山大学、岭南大学、黄埔陆军军官学校、广州知用中学及香港等地演讲，阐述其文学观点，号召人们向封建主义开战。当年3月，他还在黄花节纪念会上强调革命尚未成功，号召人们继承先烈遗志，努力奋斗。也正因如此，鲁迅在广州期间曾多次遭到反动派的污蔑和中伤。

蒋介石在上海发动“四·一二”反革命政变后，广州的国民党反动派也开始大肆屠杀革命者。4月15日凌晨，国民党军警包围中山大学，逮捕以当时学生会主席、共产党员毕磊为首的进步学生数十人。鲁迅闻讯，于当天下午冒雨从白云楼赶到中山大学，主持召开各主任紧急会议，营救被捕学生。可惜营救活动未能奏效，毕磊被秘密用麻袋大石沉入白鹅潭。

悲愤的鲁迅谢绝中山大学委员会的挽留，愤然辞职，蛰居白云楼写作，以锐利的笔锋写下了《可恶罪》《小杂感》《扣丝杂感》《谈“激烈”》《略论香港》等杂文。是年9月27日，鲁迅与许广平由广州乘船赴上海。

白云楼鲁迅故居位于越秀区白云路 7 号。白云楼西侧第一道门 26 号（现 7 号）2 楼， 是鲁迅的故居。

白云楼是一座与马路平行的钢筋混凝土结构 3 层楼房，面向东南方，西南和北面的墙壁上有多处白水泥制作的“白云楼”字样，至今还见残迹。楼建于 1924 年，原供邮政部门使用，西段第一道门的门额上现在仍有用水泥制作的“邮局”两字。

当年，鲁迅租赁了 2 楼的 1 厅 3 房，于 1927 年 3 月 29 日从中山大学钟楼迁到这里居住。鲁迅和许寿裳各住一间，许广平和女工合住一间。会客厅在入门处，陈设简朴，椅子是竹制的，鲁迅的房子、窗户正对马路。楼下西侧是走廊，面对东濠涌，螺旋式楼梯，可通二、三楼。现在，白云楼是邮电部门宿舍，鲁迅居住过的房间大体保留原貌。白云楼西靠东濠涌，近临珠江，环境清静。现为广东省文物保护单位。

文明路 215 号

这里是国民党一大旧址、广东大学旧址，也叫钟楼，现是鲁迅纪念馆。钟楼礼堂和广场原是广东大学的操场，面积约 17460 平方米，大革命时期，这里是国共两党领导人经常出席群众集会的中心场所，因而被誉为“革命的大本营”。这里也是 1927 年鲁迅在中山大学进行革命活动的重要场所。

(2021)

8

白云悠悠 珠水寂寂

广州是一座拥有亚热带风光的美丽城市

地理位置正好跨在北回归线上

这里气候温和，冬无严寒

雨量充沛，四季如春，繁花似锦

一派典型岭南风光

在岭南山水间徜徉

广州是一座拥有亚热带风光的美丽城市，地理位置正好跨在北回归线上，绵延的五岭挡住了北方来的寒冷天气，太平洋上送来温暖的季候风，造成了这里气候温和，冬无严寒，雨量充沛，繁花似锦，一派典型岭南风光。

广州市区是一个现代化的大都市，高楼林立，豪华时尚。一带珠江穿城而过，每逢夜晚，从白鹅潭坐着珠江夜游的船只，顺着珠江而上，珠江两岸霓虹华彩，灯火辉煌，可以比拟法国巴黎的塞纳河岸。横架珠江上的海珠桥、解放桥、人民桥、江湾桥、海印桥、广州桥、鹤洞桥，一道道过去了，一时灯光碎影，不知天上人间。

沙面白鹅潭
(2004)

广州虽然繁华现代，却也有清幽安静的所在。在城的北边，是被称为广州“市肺”的白云山，山不高，却层峦叠嶂，草木葱茏。山上有斗山亭、能仁寺、明珠楼、水月阁、黄婆洞等胜迹和“白云松涛”“白云晚望”等胜景。登山远望，只见清风徐来，白云游走间，整个广州市区尽收眼底。每逢重阳，广州市民纷纷到白云山登高怀远，也是广州人的一个传统节日活动之一。

白云山以南，还有一座越秀山，山色秀丽，山巅的镇海楼和五羊石像都是广州的标志景物。

在广州的市区腹地，还有很多平静美丽的湖泊和公园，东湖、流花湖、麓湖、荔湾湖等，无不景色宜人，湖光山色之间让人洗忧。

再离开市中心远些，往北走，有山明水秀的花都和盛产荔枝的增城。再往北一点，就到了从化。从化的温泉和荔枝都非常有名，如果你冬天来，可以一边泡在暖和的温泉里面，一边观赏流溪河畔无数盛开的梅花，香雪如海；如果你夏天来，可以体验一下亲手采摘品尝优质荔枝的乐趣，在清澈的流溪水库尽情畅游。

往南走，到了番禺那里有全国最大的野生动物园，最大的游乐场。到了南沙，有万亩葵园那一望无际盛开的向日葵、郁金香和薰衣草。生态自然保护得很好的南沙湿地和黄山鲁森林公园也值得一去。

再往南，就到珠江口了。在珠江口坐一坐渔船享受打鱼的乐趣，看着夕阳慢慢从珠江口落下，是另一种浪漫。

流溪香雪

从化流溪河森林公园
(2017)

小洲村

小洲村位于广州市海珠区东南端，始建于元末明初，是目前为止广州城区内发现的最具岭南水乡特色的古村寨“小洲”，被称为广州“南肺”。这里河涌蜿蜒交错、造型各异的小桥枕溪流之上，庄重的祠堂规整有序，古老的宫庙朴实淡雅，传统的民居参差错落，在绿树婆娑的掩映下，像一幅画有小溪、绿树、灰垣、素瓦等具有岭南水乡特点的水墨画。
(2009)

小洲村，蚝壳屋

白云山上摩星晚望

在广州市区北部，有一座白云山四季常绿，景色优美，是南粤名山之一。白云山最高峰摩星岭海拔 382 米，是广州市的最高峰，相传每当雨后初晴或暮春初夏季节，山间白云缭绕于秀峰绿海之间，仿如仙境，因此得名“白云山”。

白云山景色秀丽，峰峦重叠，溪涧清曲，登高则可俯览全市，遥望珠江穿城面过。山上名胜古迹星罗棋布，自古就是广州有名的风景胜地，古今的“羊城八景”都把白云山列为其中之，现在是国家重点风景名胜区、国家 5A 级旅游景区，也是到广州旅游不可不去的景点。

白云山是广州市民登高览胜的首选之地，又有“广州绿肺”

白云山摩星岭的深夜
能望见家乡的星光
这里是广州

之称，每天清晨，就有无数晨练的行人在朝阳中登山，既是锻炼，又是休闲，在新鲜的空气里开始新的一天。山间松风万壑，溪水清淙，尤其到了傍晚，在白云晚望处和摩星岭上看霞光日落慢慢沉没在广州城和珠江天际交汇之处，绚丽壮观。到了九九重阳佳节，家家户户都竞相登高揽胜，登山者多达 10 余万人，蔚为壮观。

白云山有着丰富的自然景观和悠久的人文历史，能仁寺、九龙泉、鸣春谷、广州碑林、摩星岭、云台花园、桃花涧、双溪别墅等每年吸引无数游人登临揽胜，并有山水豆腐花、白云猪手、沙河粉等著名小吃，美味爽口，值得品尝。

山上道路四通八达，既可以在山间石级徒步登山，也可乘坐白云索道的缆车俯瞰山水而上，建议体力较好者徒步登高。山不算高，山间旅游设施也非常完备，边走边看，随处都有石凳凉亭留你小憩，不知不觉就到了山顶。

“白云晚望”位于白云山山顶公园上，依山临崖，由“观光台”与“晚望亭”两部分组成。早在元代便是观万家灯光、珠江渔火的羊城八景之一，宋朝、明朝、清朝的旧羊城八景、新羊城八景都少不了“白云晚望”这个景点。站在“白云晚望”，在天气晴朗的白天，可清晰地观看到美丽的广州城就像一幅景色壮观的画面。各种现代化都市的建筑高低起伏，错落有致，远方的珠江自西向东蜿蜒于千里平原之中，铺景叠翠，令人临风而生万丈豪情。傍晚时，站在晚望亭可看到夕阳西下，天空出现五彩缤纷的晚霞，倚栏远望，云烟渺渺，给人以“不舍夕阳离人间”的美感。随着夜色的深沉和明月的初升，花城的灯火愈来愈多，愈来愈亮，势若繁星，灿烂辉煌，站在山巅观夜景，给人以“仿佛置身星海中”的感受。白云晚望最热闹的时间是中秋佳节，人们纷纷登上白云山，在这里品茶赏月，举杯畅谈，是广州人欢度中秋的一种美好方式。

珠水流光：夜里的船路过珠江的万种风情

珠江是流经广州市区的一条大江， 它有广义与狭义之分。广义的珠江是西江、北江和东江三条河流的总称。西、北、东三江分别于广州附近汇入珠江，全长 2214 公里，它的长度和流域面积在全国江河中居第三位，年流量居全国第二位。珠江河口的巨大冲积平原被称为珠江三角洲，三角洲一带港汊密布，主要入海口有虎门、洪奇门、磨刀门，崖门等处。狭义的珠江仅指从广州市区北面的石门（流溪河）到东面的黄埔港这一段河道，全长约 70 公里。

历史上广州城南河面上有一块形如巨珠的礁石，被称为海珠石，珠江因此而得名。

珠江夜游
(2022)

珠江在广州穿城而过。每当太阳西斜，晚霞映照在珠江河面，两岸鳞次栉比的楼宇风格各异，被评为“广州新八景”之“珠水流光”，夜色更是迷人。

珠江夜游是游览广州的必选行程之一，游船沿着珠江由西向东行驶，全程两个小时左右的夜游可以观赏到珠江两岸美妙的夜景。

入夜，华灯璀璨，游船从海印桥附近的大沙头码头出发，向东行驶，过了海印桥，沿途经过二沙岛，可见星海音乐厅，经过广州大桥后就是珠江新城，这一带是如今广州珠江夜景的精华，可见新广州都市繁华，东塔、西塔、广州塔近在眼前。向西行驶，可以看到特色的全钢架结构的海珠桥、彩虹般的解放桥、孙逸仙纪念医院、爱群大酒店、南方大厦、塔影楼、粤海关大钟楼、白天鹅宾馆、沙面岛，来到白鹅潭，可见广州古韵悠悠，珠江两岸风情尽收眼底。

十里长堤下，一碧珠江水，伴着波光灯影，船行江中，两岸风情万种，晶莹剔透的游船与霓虹闪烁的欧陆建筑构成了一幅流动的画卷，那明月、清风、江景令所有的游客流连忘返。

吹着江风，看着两岸五颜六色的灯光和环绕在灯光下的高楼大厦，品味着夜色下的广州，感觉非常惬意。

这就是珠江夜游的魅力，是广州人夜生活的特有方式。

岭南园林胜江南

广州的园林建筑是岭南建筑的代表。岭南园林建筑兴起于明代，后历经几百年的发展，逐渐形成自己的风格和特色，与苏州园林齐名。现存的佛山梁园、东莞可园、顺德清晖园和番禺余荫山房（又名余荫园）合称广东四大名园，是岭南园林建筑中的佼佼者。

余荫山房又名余荫园，坐落于广州番禺南村镇，距广州市区 17 公里。占地面积 1598 平方米。建于清同治六年（1867 年），以小巧玲珑的艺术特色著称。

余荫山房的原主人叫邬彬，是清朝举人，两个儿子也先后中举。故有“一门三举人，父子同登科”之说。邬彬在宗

余荫山房
(2018)

祠旁边的空地上建造了余荫园，意思是要继承祖先的余荫，使子孙后世更加荣华富贵。

余荫山房以“浣红跨绿”廊桥为界分为东西两大景区。廊桥是园中最有特色的建筑之一，前后各五级石阶，桥下为一石拱券，桥亭为卷栅歇山顶，前后分别题额“浣红”和“跨绿”，故称浣红跨绿桥。桥上设栏杆，亭下设挂落，前后两端有风雨廊连接，廊两边设长靠椅，西区以深柳堂为主，以临池别馆为辅。深柳堂木雕为园中之精品，东次间有许多名人题字木刻。堂前庭院盘绕着两株炮仗花古藤，花开时节，落英缤纷，瑰丽非常。东区主体建筑为玲珑水榭，此亭为八角，又建于一个八角形水池中央，故又称八角亭。东南角有杨柳楼台，东北角有孔雀亭、来熏亭、榄枝厅等小巧玲珑的古建筑。园内栽有菠萝树、蜡梅、南洋水杉等珍贵古树名卉。

园南的小园是小姐楼，是园主人日常起居、读书的庭院，又叫瑜园，是园主人第四代孙邬仲瑜在 1922 年建造的。瑜园以船厅为中心。小姐楼分地下和楼上两层。首层迂回曲折，内有桥、亭、池、馆，并有百寿堂、罗汉堂、百年浮雕、砖雕等民间艺术，百鸟笼与观鱼亭相映成趣，生机盎然。二楼可观赏小姐的琴房、闺房、梳妆楼、焚香阁、书斋。二楼阳台可俯瞰余荫山房的全景，天气好时可远望到附近莲花山上的莲花塔。

余荫山房面积虽小，但园，台、池、馆与游廊、拱桥、假山、花径交相穿插，构成曲折幽深、小中见大的庭苑空间，充分体现了岭南园林的特色，使游人耳目一新。

兰圃位于解放北路，与风光秀丽的越秀公园隔路相对，是广州繁华闹市中的一片绿洲。兰圃始建于1950年，总面积约4万平方米。踏入园中，门外大马路的喧闹突然消失，一个静谧而散发着淡淡幽香的五彩斑斓、千姿百态的兰花世界展现在人们眼前。

兰圃分东、西两区。东区以栽培兰花为主，共有100多个品种，近2万盆兰花，有金丝马尾、金咀、银咀、白脉、鹦鹉、大宝富贵、宋梅等珍贵品种。园中共有3个兰棚。第一棚与第三棚以栽培地生兰为主，开花季节，争奇斗艳，清香飘逸。第二棚以气生兰为主，它依附于木桩、墙壁、树木上生长，花艳香而少。西区建有各具特色的亭台楼阁，同馨厅、八角亭、国香茶艺馆、茅舍、明镜阁、惜阴轩、路亭、国香馆等，是游客品茶休息的场所。

这里还有“小桥流水杜鹃山”和“山重水复疑无路，柳暗花明又一村”等景点。不但耳闻潺潺流水，还可目睹五光十色的杜鹃花，苍松翠竹，鸟语花香，如置身于深山野林之中。

芳华园在兰圃西区，小巧玲珑，妙趣横生。园内以水为中心构景，主体建筑有一亭一榭，辅以花木、流水、小桥、假山，使游客看到一个浓缩了的自然景观。此园约半亩纵横，但设计者独具匠心，小中见大，精心布局，既具江南园林幽雅曲折的风格，又兼岭南园林开朗明快之特色。该园曾代表中国参加德国慕尼黑举办的第16届国际园艺展览会，并获得了“德意志联邦共和国大金奖”和“联邦园艺建设中央联合会金奖”两项殊荣。

后记

我和木棉花爱恨交缠的故事

木棉是广州的市花。

每年春分前后那几天，总有一个倒春寒，木棉花也在那时，会突然盛开起来。

开花的木棉树，并无杂叶，抬眼望去，漫天红彤彤。

于是，在广州这些年，也看了这些回的花开花落。

来到广州那年，是大学的入学报到，校友会堂旁边就是一颗硕大木棉树，排队报到办手续时，我背着一张棉被和席子，手上拎了一个脸盆，不知道那是一棵什么树。

那时，我是个第一次离开湛江的农村少年，体重85斤，脸上长了一些青春痘，广州一个认识的人都没有。报完到，好不容易找到宿舍，找到自己的床位，笨笨地支起蚊帐。然后就坐在床上偷偷哭了起来。

大学五年，我一直没有洗那个蚊帐。五年里，每年都会木棉花开一度，也会有潮湿闷热的回南天，每年那时，青春痘就会暴长。毕业的时候，那蚊帐已经变成灰黄色，拆下来后，放在地上，居然会竖起来，像个帐篷一样……

毕业之后，留在学校，工资只有769元，每个月吃盒饭都很勉强。那时没有开始玩摄影，因为没钱买相机。后来偶然借了一台相机，拍了几卷胶片，第一卷胶卷，一口气拍了几张木棉花。

那时没钱，娱乐主要就是在街上闲逛。喜欢看街上形形色色的人们，卖各种东西的小店，虽然没有拍照，却是在用眼睛扫街。

2004年，我开始玩摄影。于是每年春分时节，总会去拍一次盛开的木棉花。

十年里，这个习惯一直没有改过。

其实木棉花是挺难拍的，树又高，花又乱，怎么拍都不太好看。所以每年拍照，感觉都没什么进步。

2007年的时候，我找到了一个拍木棉的好地方。

在陵园西路东风大酒店的三楼，那个角落很安静，木棉花就开在身边。二楼是东风大酒店喝早茶的地方，楼下则是热闹非凡的手机市场，那几年，诺基亚和摩托罗拉是最时尚的手机。有一次，我的诺基亚不小心从三楼掉下去了，赶紧跑下去把摔得四散的零件拼起来，居然还能打电话。

每年，我都会去东风大酒店三楼看木棉花，从花开看到花落。花开得正盛的时候，楼下茶楼的服务员，也会偷偷跑上来看花。用手机偷偷拍上两张，又匆匆跑下楼去了。

广州的春天，其实是蛮落寞的。

木棉满天的红，也带着清冷。

2008 年的时候，心里很烦，觉得人生也失去了目标。

经常就是呆呆地看着木棉花，脑子一片空白，突然一天就过去了。

其实年复一年，开落的花都是不同，然而它们看起来又有什么两样呢。

木棉花落时，气势惊人，犹如高空坠物，噗的一声掉下来，这时会有一个拎着塑料袋的阿姨跑过来，把落花捡走。花晒干之后，可以用来煲汤，清热祛湿，最适合广州这样闷热潮湿的气候。

陵园西路手机市场，诺基亚和摩托罗拉的手机都不见了，苹果手机的水货慢慢多起来。木棉有些年开得繁盛，有些年开得零落，捡木棉花的街坊，头上又添了白发。每次看木棉花，都会挑下着细雨的黄昏，雨水会在花瓣上停留。

木棉花的背面是温暖的橙红，正面却是冷艳的猩红。当木棉花落光，冒出细嫩绿叶的时候，这个春天也快要过去了。2017 年，又是一个春天，下班时，路过木棉树，心有所感，于是捡了几朵落花回家，画了下面这张。

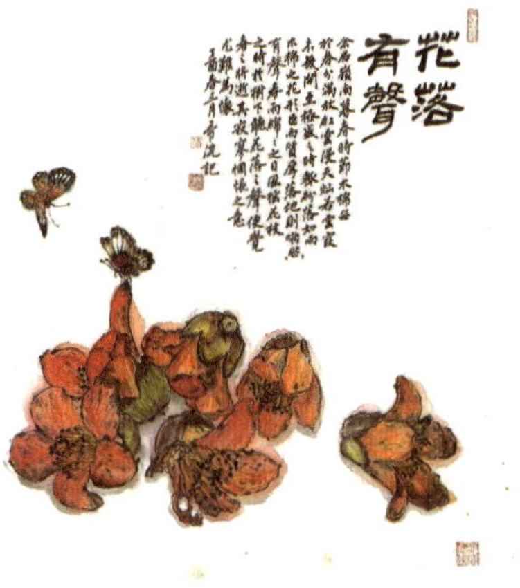

一生温暖纯良
不舍爱与自由

身在井隅，心向星光
眼里有诗，自在远方

见山是山
见水是水
见你
是全世界